吉城 著

《魯學齋日記》（外二種）

第一册

國家圖書館出版社

圖書在版編目(CIP)數據

魯學齋日記(外二種) / 吉城著. —北京:國家圖書館出版社, 2010.10

ISBN 978-7-5013-4412-3

Ⅰ.①魯… Ⅱ.①吉… Ⅲ.①吉城(1867~1928)—日記 ②中國—近代史—史料—清後期 Ⅳ.①K252.06

中國版本圖書館 CIP 數據核字(2010)第 172646 號

責任編輯:殷夢霞
編輯助理:崔建芳 沈陽
裝幀設計:敬人書籍設計工作室
呂敬人+呂旻

ISBN 978-7-5013-4412-3

書名 魯學齋日記(外二種)(全五冊)
著者 吉城 著

出版 國家圖書館出版社(原北京圖書館出版社)
(100034 北京市西城區文津街 7 號)
發行 010-66139745 66175620 66126153
66174391(傳真) 66126156(門市部)
E-mail btsfxb@nlc.gov.cn(郵購)
Website www.nlcpress.com→投稿中心
經銷 新華書店
印刷 河北三河弘翰印務有限公司

開本 787×1092 毫米 1/16
印張 200
版次 2010 年 10 月第 1 版 2010 年 10 月第 1 次印刷

書號 ISBN 978-7-5013-4412-3
定價 3000.00 圓

丹陽吉城先生小傳

丹陽吉先生，諱城，字鳳池，別字經郛，號曾甫，研經宗齊魯之學，讀史通班馬之書，旁及辭賦金石之學，撝張古義，多發前人所未發。先生與先君談言治學心得，先君必拊掌稱善。商討學術，歷數十年，歆契無間，士林稱之。先生淡泊明志，不求聞達，太夫人年高，日以娱親著書為樂。光緒中葉，丹徒丁立均亦僑居東臺，與先生友善。丁氏出任山東沂州府知府，提倡學風，延先生遥領書院閲卷之職，歷時三年，培植多士，先生之教遠被於山左矣。清末，任安徽廬州府中學堂教習二年，慕親心切，汲汲辭歸，學校挽留，乃介先叔輔卿先生繼之。既而安徽水災，先生舉所得束脩而增益之，以銀幣千元為賑，其風義迥乎遠矣。辛亥革命後，東臺縣成立修志局，續修清嘉慶以後地方之歷史，聘先生為分纂，先生根據採訪資料，編纂成稿，以歸於局，然而人事變遷，志局所在之文獻，殆不可聞矣。先生晚年講學於東臺樂學館，一時雲景風從，薰陶者眾，而家弟邦聘、從弟直皆嘗從請益。邦懷旅食南通，深以未親聆教誨為憾，歲次乙丑，寫《殷墟書契考釋小箋》，先生錫以序文，則又深引為幸也。越四年，先生病逝，時值一九二八年農曆四月，春秋六十又一。余往弔唁，先生之孫傳莘奉遺稿以示余，都凡三十二種：曰《易象禮徵》、《尚書微子注》、《檀弓壹學》、《夏小正約義》、《左氏詩學》、《左氏許義》、《左氏正義述》、

《左傳旗考》、《左傳兵事用旗考》、《左傳小識》、《穀梁范注家法考》、《魯論語大義述》、《論語問答》、《論語弟子名字古義述》、《論語王充義》、《讀經積微》、《論語齊魯學長篇》、《讀史積微》、《吉氏譜系考》、《石鼓文考證》、《嘉祥漢石畫記疏證》、《魯學齋金石跋》、《孫卿賦章句》、《莊子閒詁》、《墨子經說句指》、《太玄經釋文校語》、《楚辭甄微》、《亭林詩補注》、《魯學齋讀書雜誌》、《魯學齋文鈔》、《魯學齋詩鈔》、《魯學齋日記》。

弔唁後，起視遐年硯齋藏書，插架深深，環列四壁，無異幼時之所見也。孰意數十年後，未毁於日寇入侵之時，而毁於文化大革命之日，豈不重可惜哉。先生手寫遺稿，傳莘守藏弗失，將謀傳佈，毋使泯沒，則先生生平治學之精神與碩果，庶幾闇然而日章也。

附：

陳邦懷曰：　一九七三年傳莘鈔録先生《天問甄微》寄至天津，屬為校字作序。當爾之時，困於政治學習，朝出暮歸，精力疲憊，不遑顧及學術，密藏《甄微》於行篋，以待方來。一九七六年，烏雲擊散，天日重光，恢復科學、文化，朝氣蓬勃，甚盛事也。今年五月，傳莘函詢《天問甄微序》曾否命筆，並屬為先生作小傳。先生學行，雖能詳其百一，義不敢辭，顧於《天問》未嘗研習，校字猶恐不勝，況序文乎。從弟直夙治屈賦，且常聞先生之緒論，因以其書郵寄西安，促為之序，序成翌日，而從弟以老病逝世。嗚乎，人之生命安能如文字久長乎！於是有感於傳莘函述三代交情，又愴然不能已於言矣。邈懷幼時，先父命從先生哲嗣學古文辭，叩頭執贄，行授業禮。先師第一課講授韓愈《師説》，講至「弟子不必不如師」，則反復朗誦以策勵之。尤難忘者，先師題《嗣樸齋札記》，有「吾師師古將文者，且樸題齋得嗣音」之句，賞譽之厚，何敢不勉耶！先師諱榮泰，字通士，號守墨，師事先君，先君極器重之。傷哉，不遇而逝，春秋三十又一，著有《娛經室詩文稿》等書，傳莘能讀父書，能傳祖硯，可上慰靈爽於霄漢矣。

一九八〇年六月

後學陳邦懷撰於北京學院路之曲宦

陳邦懷（一八九七—一九八六）：江蘇東臺人（祖籍鎮江丹徒），字保之，著名考古學家、金文耆宿，生前任天津文史研究館副館長、中國書法家協會天津分會主席，著有《殷墟書契考釋小箋》、《一得集》等書。

吉城生平與著述

吉城（一八六七—一九二八），江蘇東臺人（祖籍鎮江丹陽），字鳳池、鳳墀，別字經郛、更嬰，號曾甫、曾父，係清末民初時期的著名學者。吉城是我的曾祖父，他一生研究學問，以經史子集四部之學為骨架，研經宗齊魯之學，讀史通班馬之書，旁及辭賦、金石之學等；他勤奮寫作、著書立說，撰國學研究論著三十一部，寫生平經歷日記二十三冊。

清同治六年八月二十日（一八六七年九月十七日），吉城出生於東臺縣城的一個儒商之家。其曾祖吉宗沅（字盈科）是清中期「京江詩派」詩人，曾與鎮江余江幹等合組「竹深詩社」，著有《竹深吟榭詩集》存世。咸豐年間，因清軍與太平軍在鎮江一帶激戰，吉城的祖父吉棣為避戰亂，率全家自鎮江遷徙至蘇北，定居於東臺城。為謀生計，吉城的祖輩和父輩均在東臺經商（商號「吉泰和」），因經營南北貨而生意興隆。到了吉城這一輩，同胞兄弟三人，加上叔伯兄弟共六人，他排行「老四」。吉城的父親吉煌曾與其兄吉煥商議，將來「吉泰和」商號之經營不需六個子侄都參加，為繼承先祖盈科公之學問，兩家應各挑選一子，培養其讀書舉業，以商養學。於是，吉煌的次子吉城自小即被家長選定為「要讀書」之人，由此步入求學之路。

吉城六歲時曾拜宿儒孫大生（字仰吾）、丁少農（字笙甫）為師，從識字啓蒙開始，進而研讀「四書五經」。他十三歲時初次參加縣試即中秀才，但其後的舉業之路卻蹉跎坎坷，屢試不第。直到光緒二十二年，因捐銀山東賑災，才由清廷戶部頒發給他一張貢生執照，授文林郎候選訓導。此後，吉城即以「做學問」和「教學生」為大業，他淡泊明志，勤劬勵學；博覽群書，著作等身；商討學術，詩文會友；講學蘇皖，培植多士，終於成為一位著名學者。

光緒二十三年，吉城受山東沂州知府丁立鈞（字叔衡）之聘，遙領「沂州府書院」閱卷之職，歷時三年。其後，丁立鈞辭官出任江蘇江陰「南菁書院」（光緒二十七年時改為「南菁高等學堂」）山長，再次聘請吉城遙領「南菁書院」閱卷之職，直至光緒二十八年丁立鈞病逝。光緒二十五年，吉城在東臺發起組織了「青冰文會」，二十九年又發起組織「能群書會」，東臺及其周邊學者爭相加入。

光緒三十一年二月，吉城與時任東臺縣商會總理的丁立棠（字禾生）聯手創辦東臺「能群學堂」。「能群學堂」廢除書院「八股式」的教學法，採用國語、國文、經學、史學、修身、算學、美學、音樂、外文等新式教學科目，因此有眾多學子踴躍入學。光緒三十三年至宣統元年，吉城受蒯光典（字禮卿）和張文運（字子開）之聘，赴南京與合肥，先後擔任南京「上江公學堂」和合肥「廬州府中學堂」教習三年。

為了「研究國文、弘揚國學」，光緒三十三年三月，吉城與合肥蒯光典（字禮卿）、江陰繆荃孫（字炎之）、蘇州朱孔彰（字仲我）、東臺陳汝玉（字白石）、松江張錫恭（字聞遠）、興化李詳（字審言）、淮安吳涑（字溫叟）、江都梁公約（字慕韓）、丹徒陳祺壽（字星南）、江甯程先甲（字鼎丞）、合肥殷孟喬等學者一起，在南京創建了「國文研究會」。當時，南京的「國文研究會」和上海的「國學保存會」宗旨類似，在「宣傳國學，提倡國粹，反對全盤西化」等方面都有較大影響。

為「交流學術，以文會友」，在清末之際，吉城與丁立鈞、丁立棠、丁立瀛、丁立淦、丁傳恕、陳祺壽、陳培壽、夏寅官、楊葆寅、陳汝玉、蔡慶昌、蔡慶生、蔡子貞、戈銘猷、楊世沅、楊祚緝、楊祚職、周應芹、周應昌、李步青、汪濟、鮑燾、徐齊仲、徐謙、袁承業、程畹、吉墉、吳春炎、畢俊民、劉蔚如、鮑振玉、盧楚卿、呂子恂、潘樹華、陳臧、陳康、盧榕、武曾任、馮抱一、葉子實、張偓仙、周仲飛、楊冰、王稷堂等一大批東臺學者（含祖籍外地而僑居東臺的學者）成了學友，他們時常在一起研討學術，唱和詩文，極大地活躍了當時的地方文化氛圍。此外，吉城还與「國文研究會」諸同仁以及張謇、劉啟琳、馬其昶、吳昌碩、沙元炳、傅春官、陳獨秀、柳詒徵、易順鼎、項承明、沈曾植、崔聘臣、鄧實、張文運、李國松、李國芝、劉澤源、姚慎思、姚叔節、張敬文、李藥房、馬蔭庭、徐天玉、丁立鋆等外地著名學者亦為學友，他們互通信札，交流詩文和治學心得，廣結「翰墨緣」。

宣統二年，吉城從安徽合肥回到家鄉，東臺縣知縣何為（字元泰）隨即聘請他擔任「東臺縣中學堂暨師範學堂」教員，執教「經學、文學、修身」三科，每學期薪脩一百八十銀幣。宣統三年夏，安徽發洪水，氾濫成災，吉城舉其歷年所得束脩銀幣一千元為賑。民國六年東臺成立修志局，縣知事（縣長）彭世祺又聘吉城為修志局名譽協修。吉城根據採訪資料，編纂成稿，以歸於局，然而人事變遷，最終未能付梓。吉城晚年講學於東臺「樂學館」，一時間雲景風從，薰陶者眾。民國十七年四月一日（一九二八年五月十九日），吉城因病醫治無效，溘然長逝於東臺城寓所，享年六十一歲。

吉城一生以讀書著書為樂，勤於筆耕，其成册的遺著有：《易象禮徵》、《尚書微子注》、《檀弓壹學》、《夏小正約義》、《左氏詩學》、《左氏許義》、《左氏正義述》、《左傳旗考》、《左傳兵事用旗考》、《左傳小識》、《穀梁范注家法考》、《魯論語大義述》、《論語問答》、《論語弟子名字古義述》、《論語王充義》、《讀經積微》、《論語齊魯學長篇》、《讀史積微》、《吉氏譜系考》、《石鼓文考證》、《嘉祥縣西漢石壁畫記疏證》、《魯學齋金石跋》、《孫卿賦章句》（光緒三十三年繆荃孫、馬其昶、李詳曾為此書鈔本題記）、《莊子間詁》、《墨子經說句指》、《太玄經釋文校語》、《楚辭甄微》（一九八〇年陳直曾為此遺著作引言，一九八二年中華書局《文史》第十三輯選載了此遺著中的十五則）、《亭林詩補注》、《魯學齋讀書雜誌》、《魯學齋文鈔》、《魯學齋詩鈔》等三十一部。上述吉城遺著鈔本中的二十二部現已入藏中國國家圖書館。

此外，吉城還撰寫過不少研究國學的短文，並為若干名家之著作序，替不少已故名人撰寫過墓誌銘等。例如，光緒三十二年所刊《句容金石志》（楊世沅輯），序言係吉城所作； 光緒三十三年底《政藝通報》期刊（上海「國學保存會」鄧實等所創辦的半月刊）上，發表有吉城所撰《國文研究會序》一文； 民國六年刊《冰暉閣印掇》（楊祚職輯）中有一頁《吉贊》，贊詞係吉城集石鼓字、吳昌碩（時西泠印社社長）書； 民國十四年刊《殷墟書契考釋小箋》（陳邦懷著）一書，序言亦係吉城所作。在吉城的多種作品中，他皆能闡明國學之古義，且見解獨特，多發前人所未發。

吉城從二十歲開始寫日記，自光緒十三年起，至宣統三年止，歷時二十五年未間斷，共撰寫日記二十三冊，總字數過百萬。吉城給每冊日記都題寫了標籤，如《將就齋日記》、《臺笠人家日記》、《式古訓齋日記》、《如不及齋日記》、《遐年硯簃日記》、《魯學居日記》、《魯學齋日記》等，因其最後數冊皆題為《魯學齋日記》，故此次影印出版時以《魯學齋日記》作為整部吉城日記的總稱。

整部《魯學齋日記》記述的是吉城在江蘇東臺、南京、鎮江、丹陽、興化和安徽合肥、蕪湖、巢縣、桐城等地學習、工作、生活與交遊的經歷，涵蓋他「讀書求學、參加科舉、從事教學、結交學者、研究學問、著書立說、居家生活」等各個方面。從一個側面記錄了當時許多學界人士、社會名流的生活狀況以及政治變革、鄉土風俗、天氣變化、天災人禍的實況。尤為難得的是，吉城在日記中講述了他與一批著名學者交往相知、交流學術的具體經過，這些準確而具體的記錄與講述，對研究晚清時期東臺及南京、合肥等地的「學者動態、社會人文、民俗文化、自然科學」等情況，均有較高的價值。

在《魯學齋日記》中出現且與吉城有交往者多達千人，其中大多係清末及民國時期的學者，為便於閱讀和研究，筆者選錄其中的八百餘人作了「人物簡介」，以充作日記附件。除了二十三冊吉城的《魯學齋日記》外，筆者家中還存有吉均在宣統二年至三年期間所寫的日記一冊以及吉榮泰在民國六年至七年期間所寫的日記一冊。考慮到吉城和吉均、吉榮泰的日記具有時間上的相關性，且三人又有直系血緣關係，故將吉均和吉榮泰的兩冊日記作為吉城《魯學齋日記》的補充，此次一併整理影印出版。

吉均（一八六四—一九二三），江蘇東臺人（祖籍鎮江丹陽），字少芝、少之，吉城的胞兄、我的曾伯祖。吉均一生經商，從事典當業，事業有成。吉榮泰（一八八九—一九二〇），江蘇東臺人（祖籍鎮江丹陽），原名榮宗（榮忠），後改名榮泰，字通士、通伯，號東巖、守墨，吉城的兒子、我的祖父。吉榮泰亦係清末民初時期的知名學者，宣統年間曾任「東臺縣中學堂」教員，民國初年又任「東臺縣景範學校」教員，惜英年早逝，年僅三十一歲，著有《娛親室詩文集》、《東巖叢錄》等。

二〇〇九年十二月

吉家林敬撰於東臺亭樹閣

吉城像

吉城之子吉榮泰

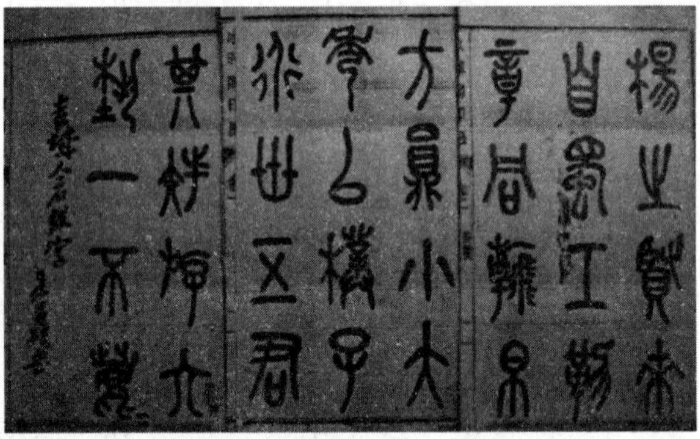

《冰暉閣印掇·吉贊》："楊之賢，來自蜀，工勒章，同翰帛。方圓小大秀以樸，子道卅五君其族，游六藝，一不鹿鹿。吉城集石鼓字、吴昌碩書。"

吉家林：江蘇東臺人，吉城曾孫，現任江蘇省東臺市規劃建設局調研員，係中國屈原學會會員、中國錢幣學會會員、江蘇省地震學會震害防禦委員會委員，著有《屈原〈天問〉解疑》、《談天說地話萬物》、《中華吉氏源流研究集》等。

總目錄

第一冊

第二冊

第三冊

《素韽日記》

《魯學居日記》

第四冊

《遐年簃日記》

癸卯（一九〇三年）光緒二十九年

《遐年簃日記》

甲辰（一九〇四年）光緒三十年

《遐年硯篛日記》

乙巳（一九〇五年）光緒三十一年

《遐年硯篛日記》

丙午（一九〇六年）光緒三十二年

第五册

第一冊目錄

壬辰（一八九二年）光緒十八年

吉城 著

魯學齋日記

（一八八七—一九一一年）

將就齋日記

光緒十五年六月二日起至四月竟　第一冊

光緒十四

余年十九歲在乙酉始倣刻楮墨署曰行夏逮丁亥三易寒暑者六月之吉讀曾公書求闕一篇勸焉興慕覓自同志昭曆潛庵鄉之彥崇學相為會友登堂共論彼賴札記舊冊短考殊不雅馴更用今本其權輿也綿〻延〻勿濫勿漏湘洛有靈其許我乎

六月十六日 讀孟子公孫丑章至孔子者也句止 必有事焉而勿正心勿忘勿助長也前人句讀解注不一倪思謂正心二字乃忘字之誤謂必有事焉而勿忘勿忘勿助長也疊一勿忘字如無逸篇寿字則迭三字 讀司馬相如全傳 閱莊子自序起養生主止 寫大字三十小字一百

十七日 讀孟子至君子不由也句止 讀公孫卜兒全傳 閱南華內外篇終 寫大字一紙 誦賦各若干首 下午時足間脹痛異常頻生煩懣偶一回想彼勞勞於夏畦者又將誰告自問飲食居處無一或缺區區小恙獨不能耐耶且安知戶庭不出正可消多少暑妄加幾許功夫其成就又何限也於是心地一清誦讀如故

十八日 讀詩經瞻彼洛矣至青蠅止 讀張湯全傳 閱老子本義一本 咏六朝賦數篇詩文數首 寫大字一紙小字一百

十九日 讀賓筵一篇 寫大字一帋 抄賦三首 寃兄午前來話手談一局

二十日

讀詩經魚藻起何草不黃止 讀杜周傳 莊子天下逍遙遊兩篇 韓文杜詩

牂羊魚星罶之歌去無羊魚麗之世遠矣

寫大字一紙 小字二百 閱文賦數首

杜 魚龍寂寞秋江冷 按秦州大小縣有魚龍水 見水經注 可對鳥鼠山

韓 虬其間

閱綱鑑十頁

白頭公何在 蘇武節似不如是

二十一日

讀詩經文王起旱麓止 讀張騫李廣利傳 又司馬遷傳 閱莊子駢拇至樂篇 抄韓文一首 寫小字一百

軒冕在身非性命也 莊

于祿豈弟

二十二日

讀詩經思齊至有聲止 讀武五子傳 閱莊外物讓王二篇 誦韓文三首 寫小字一百

觀五代鑑一本 點文選數頁

詩 惟此二國 六句

下武維周

二十三日

讀詩經生民至假樂至 讀嚴朱吾丘傳 閱齊物論 寫大字四十 閱五代鑑一本

點禮記內則篇 清夜自省 懲咎良多 方寸未能安適

二十四日　讀詩經篤公劉至板止　讀嚴終王賈傳　閱秋水篇　閱杜律　閱晉鑑一卷　寫大字三十

抄賦各一

二十五日　讀詩經蕩至雲漢止　衛武公聖人也春秋九十有五猶且誦詩自警而篇中一則曰小子再則曰小子殷殷好學抑何真切乃爾勉之勉之　讀東方朔傳　傳中隱語未解

閱寓言篇　點秋水又發　相如之賦枚生之文可謂奧絶　詠哀江南賦　作大字四十

午前曾鑑翁來訪談及　作舟兄於天文甚為精悉俟暇往候　三兄來信一函內與六弟小題正鵠一部

二十六日　讀蕩之什終　風終聲以豳雅終聲以召人之思二公者深矣　讀公孫田劉諸人傳　閱盍語養生二篇　寫大字四十

點禮記一本　閱晉鑑一卷　閱韓文十頁

二十七日　讀周頌五章　讀楊胡朱梅傳　閱刻意達生二篇　閱韓文五篇　閱晉鑑一卷　陶侃云禹惜寸陰吾人當惜分陰

二十八日

二十九日

咏文賦各數首　下午着五弟還韻府羣玉至蘐彝翁家　晚食盆池内蓮子三枚亦清心之一助也

讀詩經時邁起潛公　讀霍光金日磾傳　閲莊一篇　閲韓文十首　閲晋紀一卷

寫大字四十　晚接鎮信并史略一部

復芝信又致崇信　閲酉陽襍俎一本　咏管文數首　兜兄晚刻過訪清話片時言及

家有一琴乃為五百年舊物

七月初一日 讀周頌至有客止 閱晉史累十頁 午正三刻日食[illegible]申初復圓

初二日 書院課題 放鄭聲遠佞人 五風十雨歲丰穰 勉懷一卷

初三日 早起抄文 讀周頌訪落至般止 兜兄以昨作見示精思妙筆議論風生為之歎賞不置

初四日 讀魯頌終 魯衛之政兄弟也非指衰亂相似即致治之道亦有同者 如僖公駉駜之歌文公駜肫之詠可見一斑 讀趙充國傳 涉獵時文數十首 庭前荷花漸覺零落 伯父大人命題作二律以箴之 燈下[illegible]作 讀書曲[illegible]

初五日 令諸弟吟詠 讀商頌五篇 讀陳湯諸人傳 陳湯有大功而為匡衡輩所沮俗儒誤事可惜浩嘆 閱莊子一篇 寫小字一百 兜兄午刻來暢叙強留一飯飯罷旋去

初六日 讀書經典謨終 讀雋疏于薛平彭列傳 抄試帖兩首 寫小字二百 大字四十 晚接

少芝兄来信又来崇信言八月中考期未確　晚食後●詠時文數遍蟲聲四壁如相和然

初七日　讀周南一卷禹貢一卷　讀王貢兩龔鮑列傳　誦韓文一篇　抄杜詩二首　寫大字三十小字百

晚與兩弟空庭小坐明河自皎彩雲不飛稍待月時倦而歸寢[redacted]

初八日　讀商書一卷召南五章　讀韋賢魏相列傳　閱人間世一篇　誦韓文數首　抄子美詩一首

寫小字百餘　曹鑑翁來言鎮城科試本月二十取齊客俟確訪

初九日　讀召南終周書一卷　讀眭兩夏侯京翼李列傳　寫小字一百　晚刻雷雨一時許煩暑

頓消

初十日　讀邶風五篇周書至無逸篇止　讀趙尹韓張二王傳　閱天地一篇　抄韓文杜詩各一首寫小

字一百　從寬兄處借来尊經五集六本

十一日 讀風詩至簡兮止 簡兮頌人其東方朔之流亞歟 周書至五政止 讀蓋寬饒諸公傳 寬饒若采王生之言以終其身斯近古之賢臣矣

十二日 閱莊外篇一首 稽雨字韻曲 老蘇與荊公同作贈別詩得雨字蘇公連作三首完字而我與雨韻之而君子又盜步上人 蘇王之際未嘗不由此也

委靡終日一事未作荒唐之極

十三日 讀邶風終周書終 讀蕭望之馮奉世列傳 寫小字百 閱漁父篇 覽尊經五刻三本

究凡午刻過談

十四日 閱金沙科試確信自此以往課程竟未能按行考累之病復誤之計兩閱月昏昏擾擾幾不識此心之拋於何處矣定靜功夫一毫無有可恥孰甚記大過一次

九月乙卯朔廿一日乙亥

宿恙新去和宪臣兄文一首子曰衣敝縕袍二章又補作焦巖紀遊四詠　閱俞曲園集半卷

李吉兄午前攏話攜來李培英試草　宪臣兄晚來挑燈共話論及湘鄉相國立身行己俱從切實得來而有恆二字尤為第一要義我輩朝三暮四安望有成從此須當痛改

廿二日丙子

曉起晴日滿窗啟硯滌筆將昨和稿錄寫一通寄求宪臣兄斧政順還去曲園集五本續假六本七

父大人因傷風而動痰飲楊楚翁診以宣肺化痰法　桂枝　前胡　茯苓　杏仁　白芍　今日未服藥

晚接二兄信又申報一本内記鄭州決口撥帑助工事又崧殿印九朝東華錄　吳杏翁得嚴貢送卷帖來題不日白于一句

閱俞集兩卷有議郎議項正毛通寺諸種

廿三日丁丑　立冬

復鎮函附詩文稿又吳融翁託購史畧一部　虎兄午後來話詢其近課云現諸事皆以專字為主大是大是　父大人服昨方傷風漸愈　閱俞集一本

廿四日戊寅

託福弟送昨函到店今日風雨明日發　曹鑑翁晚來閒叙其讀書皆求得其義理不沾沾於字句解人不當如是乎　晚飯後聆　伯父大人論俞蔭甫先生文集得失兼及醫理　閱俞集一本

廿五日己卯

吉兄巳刻來攜倉山尺牘六本屬點午後為點畢　俊民兄午後過訪暢談衷悃其於醫學已得門徑可佩之至伊弟竹卿甚可望痊為之心喜　習小篆五十字閱俞集一卷　父大人昨邀楚翁復診服藥一帖鼻塞已通仍未能茹葷

廿六日庚辰

背諸宋書頗多梗塞遲至午後始畢　午後伯父大人命寫與棠如信一函屬二兄轉交

廿七日辛巳

吉兄巳刻來留飯飯罷為作祝八十壽信一封晚去　足間濕患經杜海翁妙手稍稍能行晚偕六弟勉步至古林新宅一觀旋回

廿八日壬午

父大人早來家與　伯父議以傷風已十愈其九計服藥五帖午刻仍到店

李吉翁來爲新宅照料一日晚去　習大字三十　近來神氣不足未能讀書慚愧

曾鑑讀載馳之詩謂許穆夫人何事不可歸唁特以相質自慚謭陋有負明問姑將管

見所及者畧書以答之　虎兒遣其弟送（六月十六　七月初二）兩次卷款來並索去俞集共十二本

十月初言有邗江之行　吉翁攜來皇甫碑三頁甚佳留寫　二兄來信又附來

三兄信一函　習大字三十　從虎兒處借來韓非子六本

十月朔甲申

日間以薄物細故忽然動氣踰刻始平噫吾過矣夫人讀書養氣欲觀其平時之體驗當審其臨時之涵養臨時有一分忍不住即其平時有一分認不真耳況天下兩爭者多兩讓者少彼爭而我讓焉豈不省却多少口角追事後徐思不獨讓者適然即爭者亦覺其無味也嘗怪今世爭端日開甚至有抛卻本題徒鬭門面是更無理取鬧得罪於名教者矣書至此懼甚悔甚愧甚勉甚 因得二聯以自警云 山容帶笑含春氣 江水無風息怒潮 百動不離靜 四時皆有春

漢卿世舅早來一緘并贈 繼馨兄畫扇一柄 吉兄下午來閒話須臾即行 粥後檢理書籍分疊清楚至午乃畢 臨大字五十點 文臣家書十頁

初二日乙酉

午刻 二伯父率大兄等移居杏林新宅 書院課題 文 子曰知及之一章 詩 左手持蟹螯 作一卷計歷申酉戌三時始完稿 小友題 信其大者 至 桃應問曰 臨皇甫碑三十字 午後諸生大半未來云侍看會

初三日丙戌 早起謄卷合詩文共九百字 臨大字三十 誦時文一篇 點文正家書十頁 散學後至東宅晤及 吉兄清話片刻旋返

初四日丁亥 寫鎮信三緘 内附詩文槁外油紙包一件明早交福興洵局 臨大字三十

初五日戊子 粥後微覺畏寒繼之以熱避風一日至晚稍可 袁少鶴先生午前來會 伯母旋去 此行蓋爲女公子于歸西王舟泊玉帶橋邊

初六日己丑 市中賽會計十起喧鬧一日 神氣清爽點家書一卷

初七日庚寅 早[redacted]註寫大字四十 二伯父下午來家茗話許時遣五弟送歸東宅 父親晚來粥罷五弟偕福弟送至店 燈下繕興信一緘 點家書三十頁

小雪 初八日辛卯 興信早交幫舟寄去 五弟早隨 父親往東有事在李府飯下午始歸 臨大字四十 吉翁午刻一攏即行 點家書三十頁 少雀先生女公子出室 伯父母皆往賀 晚接 二兄

初四日手信并申報一紙

初九日壬辰　寫大字四十讀詩經十頁點家書一卷　曹鑑翁燈下共話踰時始去　晚接三兄來信并秋色賦一篇　張虎翁下午來取去後漢書一部

初十日癸巳　看韓非子二十頁讀詩經十頁寫字一張　吉齋兄午前來寫囯事而去　西北風早晚微寒

十一日甲午　讀詩經十頁圈古詩十頁閱韓非子二十頁寫字八十抄賦一篇　大伯母晚自袁舟回　在舟四日

十二日乙未　圈古詩十頁　吉翁午前來暢論寫字及處世之道

十三日丙申　看韓非子十頁讀詩經十頁寫字一張圈古詩十頁　二兄來信并申報一帋　首載東台程孝子事　午刻至二伯父宅　散學後到店　燈下作復興信稿　陳心翁令弟樹人入泮　傳事稟十六日

十四日丁酉　吉兄午前來留飯　寫字一張圈古詩十頁誦文一首　鑑翁為王益翁來借闌干告以家無此物

閒坐片刻去

十五日戊戌　寫字一張圜文選十頁　吉齋兄午後至見秋雨菴中趙秋舲致梁晉竹書假去留槁散學後偕往新橋西一行歸途月色良佳

十六日己亥　為人寫扇二柄其餘一事未作所自幸者心猶斂而不放耳

十七日庚子　圜文選十頁寫字一紙誦杜詩數首　孝還來秋雨菴　鑑翁晚至　宪臣自維揚回午刻往過縱談別情兼述其途中新詠四首　早發鎮城　上二兄信一　上三兄信一附去試稿

十八日辛丑　習字二百讀詩經十頁嚴助朱買臣傳閱魯兄社稿一本圜文選詩二十頁　午正過宪兄處未晤悵然而返　辰刻接二兄信　內附宋二信并批還文稿二件又寄來文稿一件申報數事

十九日壬寅　寫小字一百讀詩經二十頁漢書二十頁圜文選七十頁　復鎮函早交局去　鑑翁吉齋均晚來

二十日癸卯

早邀虎臣吉齋如意館茶 吉未至 以今日晚舟收拾行李故 茶後與虎兄偕過畢俊 吳融 蔡禹三處 俊有
目疾 融因兄壽不在館而在家 即家舊居也 重經故地 不勝今昔之感 作詩四章以紀之 禹未晤 回櫳店
少坐 聞揚州府試首場案發 申甫以縣前十兩名在頭圈以外 何數之奇也 然距躍三百 猶有望焉
寫字二百 讀詩經二十頁 漢書十五頁 吉齋晚來 言今日風不利 明早發

廿一日甲辰

寫字一張 浮沉半日未讀書 悵悵 裁素紙一幅 託俊民向吳簡齋求書 融甫午前來 見昨詩稿
槁去 并假漢帝紀二本 鎮舟抵揚 帶來古文詞類纂十六本 詩醇廿四本 史畧六本 類腋六本
又自鳴鐘一架 轉交大兄 燈下錄劍南臨安春雨詩一首 以應 大伯父大人命

廿二日乙巳

習小字百 讀詩經二十頁 前漢二十頁 閱韓非子三十頁 著人送史略至融甫處

大雪 廿三日丙午

寫小字百 讀詩經二十頁 前漢列傳三十頁 點文選八十頁 閱韓非子三十頁 辰刻發鎮信一椷 言收到書件

借來融甫文選六本續古文辭類纂八本

廿四日丁未 寫小字二百讀詩經二十頁漢書四十頁閱駢散文閱文選百頁

廿五日戊申 寫大字五十讀詩經二十頁漢書二十餘頁閱鑑三十頁點文選廿頁 宪臣巳刻來 午刻過蔚如 閒話假殿試策一卷內有探花馮褱用筆純乎顏矣特以示弟之習字無論何家只要寫到盡頭自能有成否則兒輩思遷甚非有識者所取也 往東宅 伯父在寓

廿六日己酉 早興夏子翁茶話 謁孫師 攏店接二兄十二日信又三兄信 散學後往東宅 讀詩經二十頁 讀漢書二十頁寫小字百

廿七日庚戌 寫小字百大字五十讀詩經二十頁漢書二十頁 復鎮函早發

廿八日辛亥 早往視二伯父壽在東宅飯午後寫大字三十小字百讀詩經二十頁

廿九日壬子

不雨者月餘矣雞鳴時聞風雨之聲不覺忻然色喜曙後或作或輟至晚遂霽　讀詩經十頁寫小字百

三十日癸丑

讀齊魏唐秦諸風點文選十頁寫大字三十

十二月朔甲寅　點綱鑑一本　北風寒甚　晚接二兄來椷并申報數紙　鹽翁晚來閒話

初二日乙卯　過虎臣暢談　讀詩經十頁　點文選十頁　讀漢書二十頁

初三日丙辰　虎臣早邀樂泉茶敘　座有仰吾夫子蔚如來至　讀詩經二十頁　漢書四十頁　寫大字二十　閱詩半卷　辰刻寫復鎮信（內附致常信　外向依包一件）巳刻發

初四日丁巳　融甫還來書款并續託購史略

初五日戊午　點文選四本　散學後與羣季閒步至大王廟

初六日己未　讀古文辭三本　午後偕虎臣過蔚如兄處晤及鮑聲甫先生作舟兄暢敘半日

初七日庚申　父親壽辰早起恭祝　二伯父李姑母皆來　與俊民兄至茶園閒話　坐有蔣蓮翁特以詩稿見示　蔚如兄早來未晤

初八日辛酉 冬至 早與弟至店 午前偕虎臣過蔚如晤唐月翁 袁少霍先生來 二伯父午刻來家祀祖

初九日壬戌 作舟兄晚至縱談兩時許

讀豳風 點綱鑑一本 閱俞集二卷 從虎兄處假來詩醕十八本曲園集八本 晚接少芝兄信附來致大哥信 內言三兄初五日渡江

初十日癸亥 校對唐詩六本 虎臣遣弟送來俞駢文一本合前共九本

十一日甲子 校對唐詩兩本 三兄下午抵家 計舟行七日 把晤之餘快慰無極 偕過東宅 復至店

十二日乙丑 校唐詩二本 昨晚復接少芝兄信 早作復函并三兄一信 李府在觀音堂作道場 下午與三兄同往晤及作翁 酉刻過東宅

十三日丙寅 校唐詩二本 鑑翁午前來話 午後偕三兄訪鑑翁及蓉甫兄

十四日丁卯　校詩醞三本
十五日戊辰　校詩醞三本
十六日己巳　校詩醞三本　畢俊兄午後來偕過東宅尋崇如小坐片時
十七日庚午　校詩醞畢　寫大字三十　蔚如早來閒談片刻
十八日辛未　閱韓非子一本　晚在東宅飯
十九日壬申　寫小字百二十字　二伯父午刻來　曹鑑午前過談
二十日癸酉　昏昏一日在東宅晚飯　燈下繕寄興信一上二兄信一
廿一日甲戌　點文選一本　廿二日乙亥　校文選一本　廿三日丙子　廿四日丁丑　廿五日戊寅　廿六日己卯
廿七日庚辰　廿八日辛巳　作書院文一首　題蕩蕩乎民無能名焉　在下一節　詩遣韻淑天錄
廿九日壬午　抄昨稿　虎兄來取去

十二月朔癸未
初二日甲申
初三日乙酉
初四日丙戌
初五日丁亥
初六日戊子
初七日己丑
初八日庚寅

校古文辭類纂一本　午前往東宅[redacted]
放學在東宅一日未回
是日微雨[redacted]　晤及劉蔚夏鹿吳融沈仁畢後諸君　隨孫師至丁三夫子家道賀
茶後隨父親過東宅　丁府來會親六人　燈下作復興沙信各一緘　又復鎮信一函
東宅三朝女客三席　校古文一本
諸生復進館　校古文一本　瑞化來信晚作復函　寫大字三十个
午後過東宅　二伯父微受風寒中夜氣悶殊甚晝起稍愈　校古文一本
校古文半本　作舟晚至檢漢書枚叔傳一閱以其作吳江圖說引用故耳　寫大字六十　二伯父
恙較昨愈多在外午飯

初九日辛卯 校點古文辭半本寫大字二十 午後至東宅 東坎汪來信 虎臣晚來暢叙煮茗以待

云明丘楊屬有歲試之信 燈下讀六一居士詩二十頁

初十日壬辰 校點古文十頁 與三兄盤桓一日 作舟申刻來閒話

十一日癸巳 早作復汪信兩緘 校古文一本 融甫還來前漢帝紀二本復假去列傳第一本

十二日甲午 望日逌達 大伯母五十誕辰今日預假東宅奉觴上壽 外客二席 校點古文一本 午後與三兄閒逛片刻

十三日乙未 晨往夏汪兩處弔途遇蔚如薪樵 校古文一本 曹鑾翁午刻來閒譚 散學後往東宅 皖城姚來信一緘

十四日丙申 巳刻過東宅晤三兄閒話 蔚如晚來假去漢書兩本 三大兄暨六弟皆來晚飯 飯罷同步至三

睒寺觀鑄鐘乘月而歸

十五日丁酉

卯正起詣 伯母大人前行禮並代二兄叩頭壽客來二十餘位 酉刻送 二伯父到東宅晚飯後回

放學一日 興化來信一械 二兄來函又申報數帋

十六日戊戌

早起開門雪深寸餘隣里爭慶以為來年豐穰之兆 張府開弔辰初去賠及蔚如與岑木翁同

歸膝間作痛靜息半日 點古文辭二十頁 崇兄名戳共去託柳楚一書書賊交客保送來

饑翁下午冒雪來尋時正與六弟講論語至仁在其中矣句反復於天人理欲之交而鑑適至不遠入

潛立窗外噫其亦腊中自笑歟抑一二言之有當也 神氣稍歉晚飯前假寐片刻 燈下閱申

報有東鄉旱災記一則所言雄切作者亦有心人與

十七日己亥

點古文辭一本 燈下寫復鎮信時正雨雪寒氣逼人

十八日庚子
十九日辛丑
二十日壬寅
二十一日癸卯

校古文辭一本相如子雲諸作裴揚諸人 撿韻府辨舊疑二事 崇取去胡曾要畧一本 大雪至晚始霽推
窗閒望寒月一丸東出林表堦下梅影橫斜數枝簷滴皆垂垂作冰筋斂手立逾刻心境朗
然忽憶雪月梅花三白夜酒燈人面一紅時之句不記何人所作矣
校古文一本 大兄六弟皆來晚飯杯酒盤飧盡歡而罷明日乃母親生日也
晨起肅衣冠至堂上叩祝 鑑纓之仲兄亦於今日四十壽便往拜祝 諸生散學詩文餘債
撿償清楚 寫興化復緘外帶去紅橘等 午後至東宅問三兄恙已愈虎臣適往瀹茗清談
夕陽西下始去 與三兄陞官數局 寫大字四十 校古文一卷
畢俊午前來話與之訪作舟虎臣皆不遇中途分道而別 點古文一本 燈下寫上
二兄信一函

二十二日甲辰　校古文一卷　早過虎臣不遇遇蔚如立談片晌　至店午飯　二伯父巳刻來下午去送至東宅

二十三日乙巳　立春節　古文點竣 計閱廿餘日殊玩之至　曾祖盈科公週忌　午後沐浴虎臣來未晤

二十四日丙午　午刻東宅高隣失慎時適在店聞警急馳至則烟霧四塞與東宅僅隔一牆幸人衆水齊當即撲撲滅幸矣哉　下午復至店寫寄鎮信一緘　接興化來信　房主楊錫三來帖付去大几一張

二十五日丁未　往候蔚如不值　午後到店　寫大字四十腕力甚弱

二十六日戊申　午前蔚如虎臣偕來閒叙楹韻府一事未得復後檢得即攜至蔚如處共閱　還虎臣古文七本復假來荀子六本

二十七日己酉　閱荀子一本　早崇如來約茶話莯楚兩弟同聚　茶後至東宅觀鑑餘崇如圍棋尚未半聞𫑉軒巷楊宅祝融之警心蘭巷甫皆其鄰隣而張厚翁家即與之同門尤為險迫

所幸火未出頭旋復熄滅同時新橋西失慎焚去茅屋三家各龍馳救幾於奔走不遑甚

矣直實積薪古有明戒居家者慎諸　虎臣至心蘭家問視順邀至東宅同話片刻云明正

初三四即擬啓行往赴科試　二伯父晚來祀先少坐即行送至東宅

二十八日庚戌

閱荀子三篇　崇如來閒坐午後同至二店見申報格致書院題水旱災荒平日如何豫備臨時如何補救論

近日頗多言過心緒亦蕪雜不治讀書無甚進功殊可痛恨

二十九日辛亥

閱荀子一本　午前過虎臣借來皇朝經世文編二十本　崇如晚來　辰刻接二兄信外帶來

申報數條陞官圖一紙復函交原局寄去

三十日壬子

閱荀子一本　為虎臣錄布政使慕天顔淮黃合流歸海疏一通　大雪一晝夜深計尺餘　申正

至居踰刻回到東宅少坐歸時上燈矣　祀神祭祖并料理一切是遷延至丑正始卧

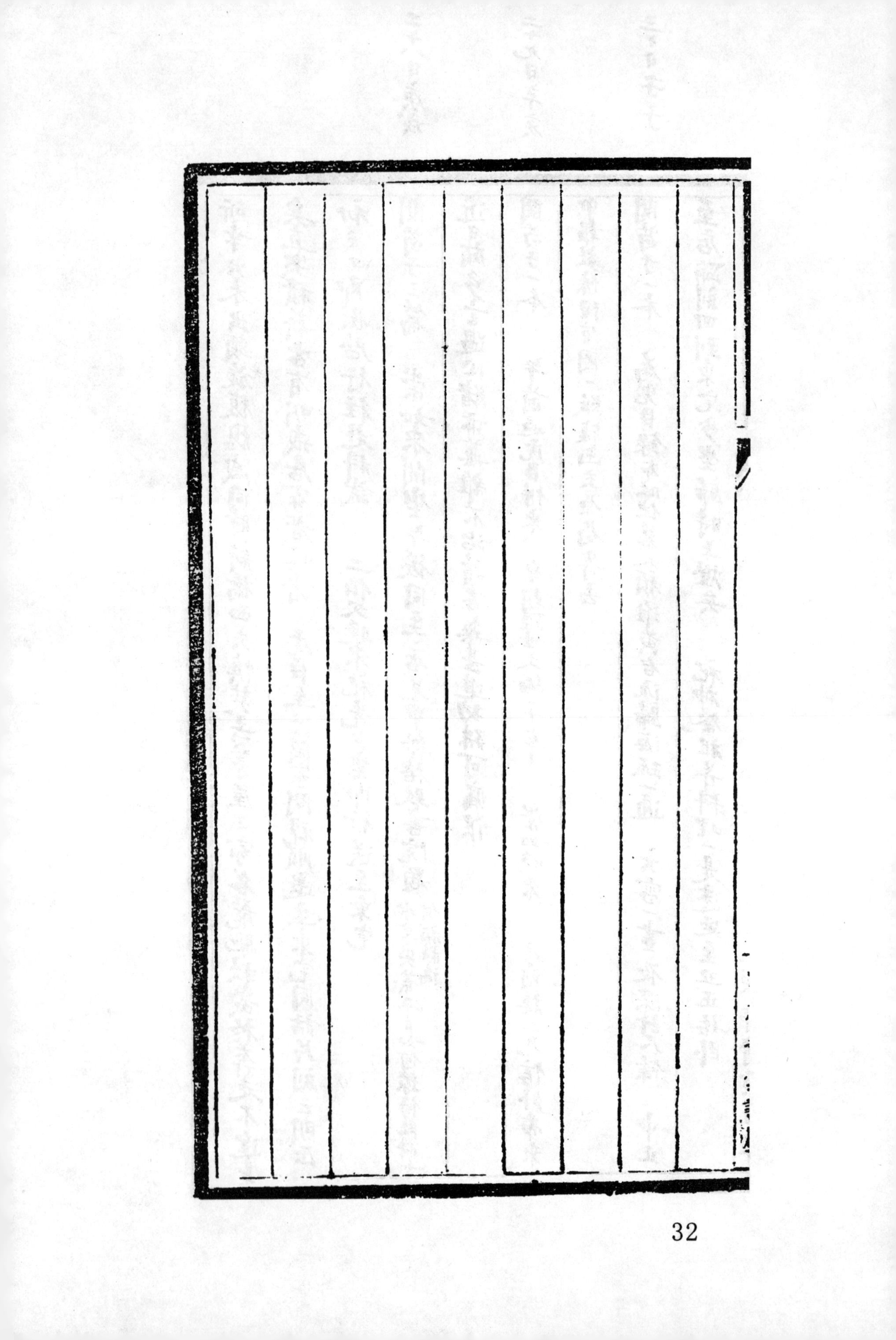

十四年戊子正月
甲寅初一日癸丑
初二日甲寅
初三日乙卯
初四日丙辰
初五日丁巳
初六日戊午

早起祀神　詣堂上各位大人前叩頭　隨三兒至諸戚友家拜賀申正回　雪霽風和日出杲
杲大有春意
巳刻偕崇如補賀昨未及者數處過店小憩午後回　父親來家　寬臣着人來取代抄
之淮黄合流奏疏　閲荀子韓子畢
父親以殘年勞頓兼受風寒痛瀉數次蔣卿翁診云寒濕相搏以宣通分利法服一帖稍
愈　鍾翁晚來閒話上燈後去
早與崇如兒至李府祝壽　父親腹瀉已止卿翁複方　炙官桂　茯苓　車前子　木瓜　引煨薑　益智仁　豬苓　澤瀉　炒冬术
與叔弟到店早麵陞官一局午刻回　閲翠筠山房集戶政門要論三五條
至東宅拜生日　父親仍邀蔣卿診以三仁加味　閲味閒賦存疑一則候質　寫壽與化賀柬

初七日己未

寫小篆六十真字六十　楊屏翁會　父親議公

興化寄來賀柬一函便將昨信交原舟帶去　三兒上燈時來盤桓片時晚飯後去　習小篆六十

真字六十閱東台馮誘堂水利全圖　亥刻毛雨

初八日庚申

讀漢書天文志廿四頁閱經世文編荒政類數條　寫小篆六十真字六十　父親腹瀉已止第微咳二伯

父來爲易方　砂仁 荆芥 半夏 蔻仁 杏仁 羌防 蘇葉 会皮　服一帖　鑑翁午前至以陞官消遣飯後去　家俊氏來

聞崇如言近日天見彗星未識然否　大兒午刻來

初九日辛酉

寫小篆六十真字六十　讀漢書五行志三十八頁　閱經世文編十條　鑑纓宗如午後小聚晚

飯後去　父親仍服昨方

初十日壬戌

早至店　巳刻過東宅閑叙酉刻回　晚接二兒信歡喜無趣盼之十日矣

十一日癸亥

晨起招三大兄五六弟至福宜茶話　大伯父及鑑翁在坐　巳刻至菁府拜先妣三週　與恭棠楚及曹鑒畢後東郊閒步歸時午矣過店飯　融甫後明下午來會（後假去言語初刻之本融還東漢書一本）陪吴華二君至東宅尋密如小坐俘刻趁月送融後至銀錠橋分道回墅訂元宵之飲　燈下作寄輿信一椷（內附函任伯父賀柬）　讀漢書五行志十頁

十二日甲子

早發復鎮信　諸生入學　與棠如作上元招飲啓　午後偕三兄訪（後氏仁卿）不遇過融甫閒談閱春樓之泰膺生古賦題（人者年丰以為必定作以下者奇而祺）

十三日乙丑

棠如早來招至俞福興館茶聚坐有　書晨夫子畢後兄茶後同至仁卿處商酌東台程孝子詩未得一字幸棠如成古風一章聊以解嘲仁卿留飯　午後觀吳簡翁作字并試步林奉法晚步月歸　燈下乘興草程孝子古詩一章

十四日丙寅　巳刻與三兄至店　到東宅請　伯父安　繕寄少之兄信　內附賀劉信一緘　晚刻毛雨旋怒大風雨止

十五日丁卯　招融甫仁卿俊民叔蓉甫鑑纓午飯繼以晚飲是日樂甚子刻始罷　月色大佳　後補古書院文一首　村舉燭一篇

十六日戊辰　午刻偕棠如赴　蕭夫子之招飯後回　孫師早邀如意館茶話己刻過孫師處

十七日己巳　製西漢人酒籌一付　計五十支　二伯父下午來　晚與五弟至店　三兄晚飯後至約明早往東

十八日庚午　俊民早來并邀棠如至東小聚兼有仁卿融甫作主人　與三兄過書農夫子家小坐仍至仁卿處
午飯共八人晚宴亦然聯詩精謎樂與上元之遊同所微異者前夜明月今夕大雨耳亥刻回
從後借來十五家謎稿兩本

十九日辛未　閱酉陽雜俎一卷　閱東邑長左科案庚日第三作弗式全皆一等　晚寫寄與信稿

二十日壬申　王厚翁早約茶敘　大伯父三兄皆在坐　讀五行志十頁　三兄午前來

二十一日癸酉
二十二日甲戌
二十三日乙亥
二十四日丙子
二十五日丁丑
二十六日戊寅
二十七日己卯
二十八日庚辰

少莛棠如兩兄及楚之弟午刻來祀先　丁次兄午後來尋棠如　楊屏翁下午來會　父親晤語

早偕棠如至孫府祝壽　午刻過東宅飯　書農夫子在東宅閒話

蓉甫來尋棠如訂同舟行止　午後乃輝表弟自興來　張協翁來小坐即去　寫興復信一

邀張協翁楊屏翁釋弟及大兄元姪茶　下午同棠如至無量菴訪陳老者談元貽託占一課名元

三兄來晚飯　六兄來信一緘　昨聞申甫兄擷芹之喜特偕棠往賀　畢後來未晤

至東宅午飯　午後蓉甫弟等東行使將謎稿還畢不遇

夏子翁早約茶話　仁卿下午過訪談至上燈時去　晚寫寄坡信一函并帶去文賦共三部

早發寄興信一緘

早與余杏翁茶話　虎臣兄由秦州回己刻過我未晤惠贈鞘軒語一部　吉齋自曾向來小坐片刻去

二十九日辛巳

三十日壬午

家福弟自沈來時午正　父親　二伯父皆晚來　連日浮沈不讀不看學業日退可懼哉　辰刻

發鎮信一緘

早與棠如往候吉齋　順過俊民　至寬臣家報步未晤　往張府拜之　作壽之兄信一函託棠

如兄面交　棠如今日晚舟與楊恭甫雁橋同行　與吉齋至東宅飯　晤鏗纓恭甫兩兄　亥刻閱東白棋杆卷後

失慎　三兄及五弟皆往觀　與丁三夫子家緊隣各龍馳救踰刻始熄　送棠如兄登舟　父親來家

祝棠兄下午來拜

吉齋午前來　屏翁下午來　讀漢書十頁　抄詩一首　閱輶軒語一本　晚偕恭弟到店

月乙卯初一日癸未 讀豳風一章寫大字四十看書目總一本讀漢五行志數頁作論一首 晚偕恭楚輝福四弟入市觀燈

初二日甲申 往李迎甫家 過虎臣暢叙闊懷并以新購經史各籍見示快甚 讀漢書十頁閱說文五頁

初三日乙酉 寫興信一函交舟帶去

初四日丙戌 在店半日至晚回 招兗兄晚酌未果

初五日丁亥 姨丈何鏡清自興來 往堰頭就館 舟泊新橋口午刻往謁未會後邀來晚飯明早啓行

初六日戊子 早到店上午往東晚刻復東行偕女兄回

初七日己丑 至東宅請 伯父安順擬復少芝兄信稿 晚邀虎臣山樹如小酌暢話至月影西斜始罷

父親日來因受風寒齒痛異常 卿翁來診以溫化法

早發鎮信一函 着五弟至凌云館購筆 仁卿竹卿兩兄午前來閒叙氾簡齋書影格已有

初八日庚寅
初九日辛卯
初十日壬辰
十一日癸巳
十二日甲午
十三日乙未
十四日丙申

縣中甄别託虎臣領卷 文題 孟子曰道在邇一章 詩題 若乃里俱郵 草草成篇 晚偕搴揮弟送至虎臣處晤及月川

早發鎮信一函 午前過東宅 下午往東順過俊民閒話 偕步月至玉帶橋頭小立片刻 晚棲步

芝兄上二伯父稟啓 内言三兄往祁門 抵鎮 在店晚飯

亂困終日未能從事於學 悵悵 晚飯後過東宅 虎臣晚來攜去校士錄一本 容保手借來庾集四本

午前往東過筆甫師 在李府晤及梓師 心緒蕪雜 下午腳閱子山文十頁 思其身世寥落 感慨悲歌 益覺憤悶 楚歌非取樂之方 魯酒豈忘憂之用 誠哉斯言 過鑑翁未晤

早訪巽殷閒談 上午往東晤及梓丁兩師 下午回 閱庾集十頁 心神稍定

鑑翁午刻過我 誦哀江南賦一過 下午往東 父親來家

巳刻東行旋反 誦哀江南賦一過 放學後神疲肢倦 倚枕假寐片刻 稍可

十五日丁酉

十六日戊戌

十七日己亥

十八日庚子

十九日辛丑

楊屏翁早來閒話　祝子翁有帖來　十五日芥屁　晚因事至東宅子刻回　大兒晚舟往鎮

兒自來訪晚飲綠別故歡辭　同有沁蘭蔚如諸君子秉燈話雨快何如之自恨從人累爲俗事所縛抑何去緣至此耶　閱祖山文至犯者不校後之比不禁示涵

諷久之誠有慨乎其言者也　燈下寫寄潤信一緘

早在東宅晤及書鑑翁　晚接少芝上二伯父稟啓一緘　東宅請客晚酒共五位

讀月令禮器郊特牲一過　閱史略十頁　誦庾賦一篇　作鷹化爲鳩試帖一首次示弟　二伯父午刻來

早發興信二函交舟人帶去

巳刻東行午初回攏東宅　讀內則一篇五行志十頁　閱史略五頁

早往朱府祝壽晤蔚如兄言書院業發後詢之兒翁云未也　至張府弔文至沈汪兩家賀會及俊民

寫大字二十　父親晚來家言吉齋今午回來　午後到店會蔣楚翁談剝事　晚飯後到東宅

二十日壬寅 寫大字二十 作試帖一首 吉齋午前過我 午刻接二兄來信

二十一日癸卯 巳刻東行 午刻過東宅晤及鑑翁 燈下讀漢書十頁 吉齋晚來

二十二日甲辰 午前攜箋聯晤簡齋先生託書 作賦一首

二十三日乙巳清明 散學一日 巳正至東宅殷君蔚適來閑叙片刻 午正祀祖 午後同蓁楚及寄福等踏青於東郊過仁卿未晤 讀漢書十頁

二十四日丙午 卿吾夫子早偕趙寬兄來會未晤 午前回候趙寬甫 往東祝吉齋壽 寫大字二十 點梁記過從虎臣處借來芸碧石巢一閱

二十五日丁未 早在東宅陪卿吾夫子趙寬甫麵 午刻過虎臣閑叙留飯

二十六日戊申 東宅夜有穿窬之盜幸鍵鎖嚴固未能得手聞其左隣竟被竊去 至頌杉老伯處閑話

二十七日己酉

二十八日庚戌

二十九日辛亥

下午東行順過店

寫大字二十 融有及錢黃堂三弟皆於今日大喜 偕虎臣往賀 午刻到東宅 晤及穀君適

寫小字二百 晚與趙壽先生三兄說換鞋

寫大字二百 午後至東宅下午回 後民二哥來攏 梓之弟東行順託至沈仁兄處轉借棉袍

聞二兄於廿四日由鎮啓行未識今晚能抵東否

早隨伯父東行下午回過店 二兄午後到家相見握手快何可言 晚刻陪往小蓬瀛沐浴

戌刻至東宅

是月也浮沉俯仰碌碌因人 未能進德修業 且心地亦不清靜 稍有誦讀皆如浮雲過目逝而不留 歲月日增 鄙陋猶昔 奈何

三月丙辰初一日壬子 早至東宅 午前到店 午刻往東 晚坐船回 復攏店偕二兄步歸

初二日癸丑 午前後兩次東行 棠如來信 言須上西墨晉文一閱

初三日甲寅 寫大字四十 閱庚子山文一篇 燈下作復棠如信一緘

初四日乙卯 早將昨信發去 與楚翁茶聚 過完臣未值 遇於路 立談片刻 賦別業後齋前作兩叠 一起之 一未寫

初五日丙辰 寫大字三十 父親來家

初六日丁巳 晤畢後知今日山長課題 文子張問政至以急 詩重與細論文 [redacted]

初七日戊午 東至李府 午刻回 會及仰吾夫子

初八日己未 檢理前日借來各件 壁還清楚 閱賦學正鵠集

初九日庚申 午前至東 與王春翁 張完翁聚談 上燈前回

初十日辛酉 大伯父壽辰晨起恭祝 午刻律東并偕吉齋至 菊山先生及殷式如彦步謝曉田

十一日壬戌 吉齋早來 午前寫沈灶信一封 東行至李午飯范湘翁大醉而去 下午偕吉齋西行 煩杉老伯下午來 二兄晚具卮酒為大伯父補祝 閱己卯墨數篇

十二日癸亥 夜半雷雨至早未已午刻西風起簷滴始停 申刻邀客飯計兩席 閱夜雨秋燈錄青天白日一節甚矣儒家積善之言釋氏因果之說固并行不悖也 檢己卯山東墨復閱一遍首首琳瑯 二伯父午前來晚回

十三日甲子 楊屏翁早約少芝兄茶 坐有仰吾夫子吉齋兄茶後吉齋過我 先祖妣生忌 午祭四簋 二伯父午前來飯後去 君木著人來借物 未刻偕莊之弟至丁府拜壽便過李府吉齋擬數日內往甸不覺其行色匆匆矣 兜臣過我以會課作見示題乃明乎郊社之禮二句

十四日乙丑

鋻纓月上時來閑話少坐即去　晚過東宅　二伯父命抄課稿步月回　夏子翁贈來江水一甕

沈灶信是至將昨信檢付　張仲翁送其甥女來學　挑燈誦文一篇

十五日丙寅

閱史記齊太公世家咏東坡詩十首　早偕吉齋拜客共七處

午後至李府途遇景韓五哥話須臾晚冒雨歸　燈下與二哥清談　寫壽堂如信并文兩部

十六日丁卯

山長課題小人懷土三句詩題綠天得莫字作一卷

十七日戊辰

早起抄昨卷已正遣送克臣處託繳　午刻隨二兄并率五弟及施錢兩弟至東宅飯帶去己卯墨一部呈六伯父閱　天氣鬱暖遍地皆潮　晚刻陡覺不快腹痛作嘔繼以身熱服薑湯稍可

十八日己巳

邀蔣卿翁來診以溫散法　桂枝湯一帖　夜半汗出愈矣

十九日庚午

靜息一日午後閱八賢手札十頁內　曾文正公書較多筆法根柢深厚臨摹之下浮偽全消

二十日辛未

二十一日壬申

二十二日癸酉

二十三日甲戌

二十四日乙亥

二兄有信寄至，大兄處順將十五日所寫致韋一緘託同帶去　寬臣晚來視我疾，聞之愈怏怏而去良
友多情，深可不作多病故人疏之詠矣　補昨日　聞前日子振閱政課筆，發陳蓮君是陸雲甫捉刀取超五
二伯父午後來閒談，將暮仍過東宅
閱味閒堂一本，乙酉墨數十篇，毫無心得，悶恨之極
早發興信一緘　外提言〻　讀薛宣朱博傳　閱東坡詩　燈下接興化寄來乃輝書一件　寬臣着人取
去庚子山文四本
王學翁午前來　邃齋姨夫晚至，樽酒清話，二更後去，云明早動身往豐矣
御梧夫子攜摺扇來屬少之先書　午後寫大字二十，腕力甚弱　散學後與二兄過蔣卿翁處謝前
日之診　燈下諸兄弟作陞官之遊，半局而罷　讀吳泰伯世家及蘇詩

東亭書室箋

二十五日丙子立夏

父親早來家午後回店　楊性翁率其弟來拜　孫師遣容保假去八賢手札一部　福弟往東里

星士葉詩谷廣占六壬條詢終身云不宜賈而宜儒前事亦頗有驗二兄聞之怦怦然欲往矣

閱申報知鎮江本月十二日地震之信是實并非一處然也　燈下閱魯世家

二十六日丁丑

早隨大伯父及二兄至福宜茶話　巳刻過亮臣未遇見案頭潛庵漫筆二卷假來一閱

讀翟方進列傳　亮臣午後過我暢談一時許言及蔚如日內將南行託其代為致意　鑑翁

酉刻過我云近來傷酒未甚出門　寫大字二千　鑑翁云梁兆麟有家庭講話板一副雖須集資刷印

二十七日戊寅

讀管蔡世家陳杞世家　閱潛菴筆記二卷畢明日擬還　閱二哥所留申報數十条　燈下讀

宣公傳二十頁其中事蹟頗有天然配合處如華元非馬其人靈公棄人用犬黑臀則神語分明蘭夢

則孫謀垂裕楚子問鼎而生心鄭宋因嘗鼎而染指狼心虎乳胹熊獻黿之類即此二十頁中不一而足可

見古人屬詞比事，奇偶相生，姿贍風華，不必有意求工而自無不工者。連日陰雨，晚聞鵓鳩及勃姑（谷）聲甚急，意潇潇者猶未已耶。五弟舊疾復發，服趙方一帖。弟疾不作已年餘矣，私衷甚為歎幸。此次因外感兼勞倦，致（三兄）於立夏節後復作，伏根已久，何日淨除耶，思之鬱鬱。

二十八日己卯

東嶽帝聖誕，天雨未能出遊。先伯祖蔭林公週辰，午刻敬祀。二伯父至，將潛菴漫筆呈閱。寫大字四十，讀左傳十頁，衛康叔世家，晉世家。閱申報數十事。

二十九日庚辰

楊屏丈早邀茶話，即擬數題交去。王六太太由要羊來云云。寫大字三十。午後與諸季閒步至新橋西，由大街回。改輝弟文一首。漫書摺扇兩柄。

三十日辛巳

李殿掄自常州來，午後過我。二兄偕楚及福、輝兩弟下午往東閶張廉訪舟，泊龍王廟。放學後到店。至東宅。改試帖一首。閱笑笑錄內有紀文達公十事，數則詼諧入妙，不減匡衡說詩

四月丁巳初一日壬午 早與二兄六弟回候李殿元即過李府 過復民書室一坐 讀瞿方進傳 晚至張府晤廷兄及復之兄上燈時回

初二日癸未 邀殿兄至太平園茶話楊府翁在坐 過宪臣閱官課題 文子曰富與貴是是欲名 詩清秋日日活得秋字 敷衍兩卷恩筆滯塞未能鵠發旨要為恨 前日室如來信云在鎮作書院甄別兩卷其文境必純熟大特未曾目及殊覺歉然 宪臣此次作四卷皆妙 心蘭一卷清機泪泪歸盡甫詞 月川一卷亦妙

二

偕宪兄過雲衢兄伯石丈兩處皆少坐即行

初三日甲申 早起抄昨稿 午刻携至宪臣處𧦬正即託代交 午後與福輝兩弟至清一池沐浴 清一二字未知是出老子書否

閱申報趙君元益備陳八策酌古準今洞中竅要非平日留心經濟未豈易辦此又見徽州潘正卿述白下襍事數則風雅宜人用筆超脫迴非時流所及 燈下咏金江千先生詩 六弟晚往東

初四日乙酉

初五日丙戌

初六日丁亥

初七日戊子

金池蓮葉小若疊錢階頭月季數枝亦自嫵媚可人回顧前種之蘭草萎然敗矣噫九十韶

華去如逝水美人遲暮千古同嗟時乎時乎不再來盍欲搔首作翡石翁之間

履之來約同少芝兄茶聚坐頃晤及春海兄談前日書院文 詣孫師知虎臣昨日文題居處恭三句

原任東台場竈君靈輀由舟回里挽送者不一人想遺愛在民葉表備書矣 在店午飯

讀谷永傳十三頁 放學後至東宅復至店八點鐘回

早過東宅偕楚弟坐舟往東至李府攜芳官回 午刻鑑翁過談 讀杜鄴傳 下午雷雨適

時即晴

李府招往午飯晚刻回晤及仰普夫子 燈下閱時文數首 作沈姑後信一封

讀何武傳肆宵雅三章 鑑纓攜柏蘊高先生小題文來與楚之弟抄讀 閱申報數事

初八日己丑
初九日庚寅
初十日辛卯
十一日壬辰
十二日癸巳
十三日甲午

讀王嘉師丹傳又揚雄傳　誦常棣一章　閱時藝數首　寃臣午後來邀至海道口觀築堤
至東宅觀合藥　二伯父午刻來飯　午後與二兄五弟至太平巷閒舍歸路過茶園日下舂矣
晚刻後過東宅　與化來信內致何處一械加封寄去
寫大字二十讀揚雄傳閱天保一二章咏甑山文十一遍　素吉人令孫冠喜早往賀　擬過寃臣因雨
止　父親微受風寒體覺不爽
早至店請　父親安　午刻至東宅　先二伯母冥誕敬祭如禮　改文一首
巳刻到店請安　過寃臣未遇留扇一柄託其代求陳白石丈一繪　閱時藝十餘首　飽食終日
無所用心晚與二兄為博弈之戲
早興趙壽先往錢府賀喬遷　午刻二兄命同往李府下午回　至店有事稟二伯父

十四日乙未 父親午前來家飯後到店 午後與二兄至浴德池沐浴 晚月色頗佳閒步至關橋口
鑑公翁過我閒話

十五日丙申 辰初起盥沐畢敬占牙牌數一條 卜秋試 內有云而今幸得文衡舞突過尋常一輩賢 福三弟等至三昧寺聽
縣公宣講 聖諭 偕輝弟至李府拜吳壽昭徐建翁 寫大字三千 讀儒林傳 點周禮
節訓兩官 接峯如初五日來緘並課作一首

十六日丁酉 早往湯君賀喜便至李府 過後民叙閒 過宋臣知山長課 文好仁者無以尚之 詩[illegible] 作一卷 草率之至
下午與二兄至大街一行 鑑樓晚來閒談 父親在家晚飯 寫大字二十

十七日戊戌 早起抄文送至陸雲翁處託交 至虎臣家賀喜 鑑翁午刻來適寫扇未畢即請渠足之
抄時文一首 午前在店

十八日己亥

十九日庚子

二十日辛丑

二十一日壬寅

早課畢至穀府拜吳誕過李府午飯 父親及三兄皆在李府午後同舟回 元官昨受風熱楚之
弟來詢知已好矣 穆卿談及鎮江甄別課題是偏全作法 楊性翁以扇屬書 今日及前日兩次
過仁卿於途 為李作信寄曹 魚蓮普高近尺竹工送架來精大一圍未能合用令其修
閱[redacted] 二哥五弟晚尋三房經紀不着 讀循吏傳 點周禮春官 閱管文
殿翁以團扇屬書午前寫就草率之至 與殿先茜翁茶聚 點周禮節訓夏官 閱韞山
堂文 在店小坐與王嘉翁訂園暮之約 下午隨伯母母親及諸兄弟坐舟東行視屋未成 是日付
早拈先兄茶話即同至禮房看案 書畐與表課取題三小人怀土則被黜矣先兄與有同慨焉 途遇金陵方君亦道中人也忘詢其字
崖如先生日巳刻往祝 元官前受風寒身熱服楊琳翁方二剂未全好今日請楚山先生 閱三方禍及管文 寫大字二十 點周礼一官
早往李祝壽即將昨扇留文殿先 劉伯見解侍衛報單 後氏早至竭談竟日 東邀鑲翁

二十二日癸卯
二十三日甲辰
二十四日乙巳
二十五日丙午

午飯　午後熱甚五弟等以洋機激水濺地稍覺涼爽戲作文一首以賦其事　寫大字二十
蕃官生日午前過東宅　讀韞山文　天氣驟熱寒暑表升至九十分
二伯父午刻至　借兜兄聯捷墨粹三本　寫大字二十　閱兜臣會課題子曰加我數年二章
何梯文來信一封
午前往李府館二兄回　過后晤楊竹甫　到東宅　知後日請客　元官也好　寫大字二十　閱困學紀聞三十頁
二兄爲稅畫摺扇一柄　兜兄晚過稅云廿七日蔚如生日
寫大字二十　閱時文　午後沐浴　過東宅　修氏二哥西南來兼悉昨日生一女　下午還五弟禮貲　後日爲
廿蔚如弟三十生日　仰吾夫子命同兜臣及二唐月樓心兩兄王子翁公作東道在宗江公所晚宴以預觴爲飲至
初更始散歸路有心蘭蔚如同行　兜臣作會課子曰加我數年二章文以速古作意　黃蔭翁早來

二十六日丁未
二十七日戊申
二十八日己酉
二十九日庚戌
三十日辛亥

早至張府賀芹喜 途遇心蘭蔚如薪樵三君及子明先生 午前二伯父命往招春海先午飯 過李府吉
齋有家信至 在東宅陪客共六客 孫師春海君木譚潤蔣楚楊屏 子久來縱昨日到
早往祝蔚如壽 寸幼甫舍還喬六弟去 送公款至孫師處 晚過東宅 到店偕二兄回 大風
閱科說一部甚有道理 寫大字三十 風雨一日 上燈後假寐片時
改文一首 午後到店即至李府將定金面交王翁 以達陳姓兌生疑識[redacted]
過聯甫書齋暢談至日落始行 晤殷福順道弄璋之喜 二伯父亦於下午至李府小坐
晚刻陪二兄閒坐尋太王嶠晉山故事 郵冀多能竟致蕭君羸二 擬訪宅臣未得
寫扇一柄 李府招往午飯 孫師及二兄與在焉 飯罷孫師略談小學 為李作信一封由店
交郵舟 楊屏翁有璥頭之行 晚作信一緘外夏長涼蓆託文何鏡清 在三和店晤及鑑翁

五月戊午壬子朔

初二日癸丑

初三日甲寅

初四日乙卯

初五日丙辰

二兄擬今日晚舟（許大船）作復崇一械便託面交　午後諸生有不辭自去者　許船以有耽閣二

哥改於明早啓行　寫大字二十　閱時文數篇

卯初恭送二兄登舟　巳正往東宅陪王厚翁早餐　官課文題（孟子曰人有不為也一章）詩題（醉似[illegible]詩[illegible]）

作一卷晚飯後脫稿

辰刻起抄昨卷　寬臣攜所作四卷來　午刻去　熱甚下午雷聲隱隱疎雨一陣　午後沐浴　李府遣

紀送來角黍一筐

寬臣遣价取去壬午墨粹一部　賸捷墨粹三本　復假來賸捷墨二本　二伯午刻來祀先並屬其詩

食　閱柔橋筆記上下卷（斌椿撰）　申刻微雨　又裁月季數種

早起敬神并呈伯父文親處賀節　興權送第三胎子小五　午刻焚降真香　置菖蒲酒　偕諸子

初六日丁巳

初七日戊午

初八日己未

初九日庚申

暢樂　午後蔚如、心蘭、兜臣同過我行，游官園以為樂，至暮始散　福五兩弟至大街觀燈判

大兄自鎮歸，辰刻抵家，詢悉二兄平安，途中未遇二兄，鎮事尚為順妥　季姑母自東來　閱劉藝數十

首　昨晴雨時晴，新種花有生意矣　午刻往張府慰　下午大兄來清話

請滕卿因齒痛未至　閱時文　煇弟生日　早發鎮信兩封一致少芝一致朱丸　晚接二兄來信初三日申刻抵鎮矣有諭神速之函

二伯父來午麵大哥亦至

早發興信一封內有乃煇呈件　晚接興來信并付乃煇信件及吳婿致信件　汪履和作古往慰　到居見李某試帖　燈下檢債票

頭餘債　二伯父下午來與姑母閒談　父親以刻來家旋即到居　于前偶作看錢詩一首　寫紈扇三柄大字二千

早將昨與已寄致墩頭信件交便舟帶去　兜臣午刻過我　五弟往東後民遂來脈訣一部　融甫來帖知

會課之舉俟以異日　在凌之館購筆三枝　于必文交楊性甫寄去　抄文一首　孫府請客婿晉谷去

初十日辛酉

十一日壬戌

十二日癸亥

十三日甲子

抄文雨首寫方字二十　聞雲青已放主考之信至居取申報未見　卿翁來爲内診　二伯父下午至　父親晚來乘

月到居送至橋下

早間至二店偕張仲翁往汪恒益會同他業茶送牌傘到局蓋爲方公永齋七十壽也　興化寄來去年全膳書索

所得劉彩澗鑑類函箕裘集一部　另例送賢勞一部　晚赴方局宴子正始回　接值魯來緘知翟宗謙丁艱訣

洗寵寄到芥菜等　閱鑑集一本　抄科里宮扇　子久還來文雨首　赴舅母四所

汪福有新分茶社今日開張大伯父率海珊兩弟及五弟往　恒豐號有人來邀明府早餐未着　至方局祝壽在

店小憩　虎臣以所作文及關男笑一章文見示　駛甫午刻過我訂會課題　晚寫復月樓信

虎臣午後過我渠於得題後作至昨晚二更三鼓已成矣可謂至速　偕完過蔚如閒談晤及心蘭

由蔚處借來學政全書一本　幫補贊康類　月色極佳　明弟至恒豐晚飯至子正始回

十四日乙丑

十五日丙寅

十六日丁卯

十七日戊辰

十八日己巳

十九日庚午

昨早發鎮信一椷内附復丹信 又發復與八信一函 早往孫師處閒話 還去借丹與子孫蒙二卷 順至三舍小坐

孫師擬作子曰道千乘之國一章文一首 晚刻攜稿來遂得拜讀 五弟下午往東

毛雨時作 叅楚等皆在城隍廟觀劇 草戟會課首題文一篇 二兄來信一函内附三兄來信 夜有雨

八祖母七十壽辰 早起叅祝 孫履之來午飯 山長課題文子游子夏一章詩先而甘精得君字 作兩叅

卯刻起抄昨文 巳刻送去 未時反兗兒 兗兒過我 觀其書院四卷 皆圓熟 時猶無詩也 為續成之

午前偕明弟東行至孝府午飯 過復民書齋暢叙 午後與復同過駐甬觀會

課作 晚仍偕明弟四行至西屏 為會所阻 久之始通

渴鏡翁過我閒談 蔚如以會課作見示 作中庸題文未就 丹陽書斗復來一緘

二兄來信一函 本申栢

二十日辛未
二十一日壬申
二十二日癸酉
二十三日甲戌
二十四日乙亥
二十五日丙子
二十六日丁丑

戴府生日福弟去周旋一日至晚回　五弟等觀劇　父親晚來家
草㕘隸藝三三題文思筆鈍塞　兌臣借去仇繼恒會試卷　代弟寫致吳信一函
早隨二伯父福直茶　楚廎兩弟及六弟兄姪等咸集　午後攜文稿詣務師求正　東至李府
過兌臣偕往福慧庵散步　兌臣攏去開叙　沈仁卿過我　王君棠扇託道孫雅　未戌兩次到府
接少芝兄信并申報　大觀明早有泸濟之行作一信并物託寄　晚有雨由店送伯父回
鎧穀午刻來談飯時去
早偕明弟紓馮鏡翁茶話晤及心蘭　閱制藝　快雨
發文題文楊性翁　閱香山詩一卷　葉姪下午來祠宅
福弟生日　早興諸弟等衆出伯父亦在坐　寫復少芝信一緘內附弟信　父親在家午飯

二十七日戊寅

二十八日己卯

二十九日庚辰

午後隨伯父往看新宅一行　過兜白未晤　借來尊經集一本　送蘇星甫鄭齋五葉扇　兜白晚來邀往演劇處觀下場人時已云散風流笑相與登台長嘯披襟當風亦是一快興盡仍過金小坐言及書院今日不得課業發看已取

早將鎮信發去　致興侯信一緘附兆之寄物件　從兜白處取來雷塘賦一卷　又借崇陽課文二本

夢得闈題請閱其日四句　晚接少之信　又朱信　寄時菴龍山各一件　下午過東宅

閱時文　暖甚午刻沐浴　午後雷雨

攜管文手墨還兜白　便將會課之藝留存課本　擬得文題六个　少之兄寄來申報一紙內登福建廣東甘肅湖南之試官名字　熱不可當　閱崇陽文千餘首　寫致吉齋信一緘

六月乙未初一日辛巳

早往李府（若農七日）到府　未背早書　虎臣晚來以非禮勿視四句文見示　熱甚

初二日壬午

天熱如昨　晃臣來去史記並尊經文　復芝信一紙（言水利予時已案事）　復棠信一紙（帶去筆十枝）

初三日癸未

閱香山詩有六月初三聞蟬一首即以新蟬第一聲為題命諸子作之　日間欲作文熱氣熏蒸苦思

未就晚飯後移榻就荷花下小坐許時但覺暑退驟凉風來故人疏疏星滿天凉露在地一片清凉世界

心為爽然文機亦稍稍來矣　午後沐浴　閱紫陽文

初四日甲申

己刻蔚如來邀同星南克臣送會課卷至縣有處時已交十卷聞尚有二三卷　至李府飯飯後微雲掩月

作欲雨之勢二涼行而歸　曉涼可喜

初五日乙酉

至蔣府拜壽　在店發鎮信一函店中荷花高過屋寸許　下午雨數點大風吹屋蓬如蝶翩翩而

下捲窗隔後檐陰陰氣少許而雲層作矣

初六日丙戌

初七日丁亥

初八日戊子

初九日己丑

初十日庚寅

十一日辛卯

作文一篇　早至東宅　冕臣取去紫陽課藝一本　晚腹中不快服午時茶少許稍可終覺昏

昏然不如午時明爽　接少之信并申報日記等

胸脘不快四支頹然欲卧有汗而微熱仍服午時茶一碗亦不覺其愈也　寫大字二十閱思益堂

日札一本又時文數篇　上燈即睡煩悶殊甚　早發復少之信

黎明起更衣一次瀉後脘悶稍可服胃苓丸三錢後仍是痛瀉　午前蔚甫來略談攜去文稿

一本　晚冕臣來清談多時腹中晚覺頗適借去文四本

仍服丸痛瀉較減　下午聞雷欲雨不雨　六弟下午東行　白荷花放矣

寫大字四十閱紫陽文詠香山詩十餘首神氣稍爽

大兄昨夜由沙回　椽師遣使來取文譜一閱時猶存冕處屬使往索之　二伯父午後來攜去思益堂日

記一本 連日熱甚困不良於腹未敢食瓜今午多嘗數角爽徹心肺

十二日壬辰

詠白居易詩十餘首 大兄来言試舟

十三日癸巳

早起見紅蓮初放映日嫣然真不數凌波妃子也 辰初往丁師寓詢及改律 存李府清話至夕始回

盼雨有日矣午刻雷電交作訇磕有聲急雨一陣未能霑洽足據聞他處已得透雨 到居晤大哥告以

周舟作罷 寬臣早来不值留下會課題一紙

十四日甲午

吳三兄早来言今日可興乃揮有信託寄 李府送昨服衣裙来 張忘殊甚時時思卧 大兄午刻

来 寬臣晚至暢話 下午雷雨妙極

十五日乙未

早接元兄十六日信外書一本 年前業已去 又頭領等 夜雨至早未止午後放晴

十六日丙申

飯後筆記紫陽書院等皆交廉准来使帶去 李府送来詞十二本 早至二伯父前請安 復鎮信一

緘内附家信　六弟東行至種壽配藥

十七日丁酉

下午過東宅，伯父約請楊楚翁診，舊感已去，囑理脾陽　丁師晚到東宅，遣人來呼，即往言船之事　在東宅晚飯

輝弟至鄉翁寄託診，云是寒濕，用川朴等，服一帖

十八日戊戌

少廷內三十生日，早往賀，在東宅午麵　大兄午後偕五弟等往福宜聽書　晚到店　融齋交選古本等

十九日己亥

午前過李府飯，罷，訪俊民　至李子巖先家問疾　到店，小譙帶回申報二本　下午雷雨

二十日庚子

京中寄來申報一本，載湖北、江西、浙江三省主試名　五弟之莊林堂每東來還居選日單　三刻雨

蔣卿翁來為大伯父及乃輝等診，皆寒濕所致

廿一日辛丑

大兄因感寒暑身熱，服鄉翁方　早過東宅　揪頭青來家信一緘，託轉交　大伯父痛，鴻楨緘仍退

鄉翁診乃輝原方加減　午前沐，午後浴

二十二日壬寅　吉齋寄來複信、藏孝齋送來石藕等　早到店　子久寄來文二首　大伯父廖方乃輝止為一日

二十三日癸卯　寫致少芝兄信

二十四日甲辰　祖父忌辰　二伯午刻來祀　寅臣過我　鎮青來信件　午後沐浴　早發昨信順言收到今件

二十五日乙巳　作會課文一首　草草不堪

二十六日丙午　作文二首　有人往孝府帶去蓮蓬二枝

二十七日丁未　晚過東宅　大兄已愈　作眾仙同日詠霓裳詩七首

二十八日戊申　早在店　至孝府下午回　詣丁野棠見書農夫子信　寅臣蔚如早來不值　鑑翁亦來

二十九日己酉　抄會課卷午刻送蔚兄求政　晚與蔚圓文卷至寅臣處留晚飯暢談許時偕蔚回　假來癸酉墨

閱癸酉墨數首　鑑翁午刻過我携去二方文二卷　昨書二後到店

三十日庚戌　立秋

午雨間作風聲㶉㶉大有秋氣　食後數日涼洞石師　據下嚴恒言云五日陰雨西東風者人知年豐有秋之勞

百須條條矣　接少之兄信并砂藥一包　外申報一帋　江南主試官正李端(副王仁堪)附調康名單　樂如有信呈

到后聞新宅築牆事　請徐叻庭來晤　過兒臣假來金石書院之本　鑑之雨午刻過　借文一本　飯後去

大兄下午來　晚飯後去　李紀侯來米粉閣西周邑　由后取來癸酉縉紳全函

七月初一日辛亥

初一日辛亥

閱舉業要言二卷墨藝數十篇　先伯祖黃林公誕辰敬祀如禮　二伯父午前來　還去宪臣處商墨復假

乙亥乙酉兩科墨共六本

初二日壬子

東宅遞來書農先生扇右　早由店至新宅檢點　東行過李府　到六夫子處告以三夫子扇件

過宪臣知今日課題康程四方言鄭香巖居士未作　在店午飯　晏果樓賢弟作見示清爽之至　予又寫半文五篇

初三日癸丑

宪臣早過我攜來昨作之二卷并商酌詩句乃去　午初到店適王伯廣與蔣楚之翁諸相抵牾不歡而散

風雷昨至今時作時息早晚甚涼　大兄攜元宵下集　心緒不定未能看書及文

初四日甲寅

早到店　虎臣約晚聚因往新宅稽查并辭館等事順步往辭未晤留字代面　東至李府

放學後隨楚翁等同至新宅一行　在店晚飯　少之兄來信因附甲扱一束　李文田侍讀學士

興化寄來信件并轉遞何信　王燈送工來築廳照牆

初五日乙卯
初六日丙辰
初七日丁巳
初八日戊午
初九日己未
初十日庚申
十一日辛酉

早至店午刻回 與諸弟清查書籍分疊停當以便入箱

晨課 添入皆巾帶 因其少年多不嫻此故耳 邀陳宣咨詠翁在店午飯 午後過先生據來課卷二本

與蔣楚翁至新宅一行 詞中二本交唐六垛還去 寫寄堍頭信附寄錢信

早起擬某革課文一篇託兜先交 王姓來催繙繡之以夜始返 兜臣下午來約同至衛觀判官

連日疫氣盛行 有不洒與內逝者 里人禱求都天神出巡

寅刻發、發石至新宅 餘物俱雇船駁去 新宅安床 飯後乘船一行 至左家巾 五弟生日

[redacted] 晚至新宅與士兄同回 至東宅椽點燃業考具 俊民來

搬搬農物兩次 晚至新宅 日中燕常去 鎮信一封外簽件

午刻至店 到新宅 [redacted] 張滿子時後寫與子聞 不識何爲 鎮老信一

十二日壬戌

十三日癸亥

十四日甲子

十五日乙丑

寅刻進新宅　卯刻部署者清定遍拜各處　與大哥陪楚翁復儀茶話　來客三十餘位　吉甫午刻至

大兄晚飯後去

吉甫早至　託姚弟至亮甫詢會課　少芝來信　五弟到店順過看老宅　晚過吉甫月下歸

早到店會楚翁詢東洋消息　西至杏林宅便過舊寓同六弟去歸　過店晤吉甫稍談片刻同行至新居

分路　過亮伯見伯會課卷覈第一　閱初五六兩日申報　寫大字二十　閱時藝二篇　晚偕六弟等翻看書

卷　吳三哥至興寓平安

俊民早來暢談積懷　三兄來信詢啓行何日　午刻祀先　二伯父及大兄六弟皆至　晚送二伯父至店隨

五伯父回途中見興轎者伐木者郭竹之聲不絕於耳　夜深矣可若何　王子純作古　午後鳴雷雨

雨未甚大然一震之威邪氣自當稍卻　城隍神出巡　李姑母來晚去

十六日丙寅 吉齋過我 丑刻急雨兩陣 夜來身熱頭微痛早起避風填食 答過舟前文史庠翁 未允下
朱修吉來二次 送黛老具來

十七日丁卯 大兄早至攜來二哥信一函當作復書世兄帶去 庠翁早來 丁節傳諭十九日晚舟 吉人過我
留晚飯 寬臣賦甫過我寬臣明日兩別啓行 身熱解而倦甚

十八日戊辰 檢理考具及行囊等 屬五兄買筆六支 匆匆一日未能出行 丁甫保齡送小鷄等至丁節寓
六弟下午至文功課單一紙

十九日己巳 早至西宅陪丁節吉人兄弟聚談 晚至李宇府後至庄君辭

二十日庚午 早刻登舟同行者丁節薛翁趙翁禹翁共五人 晚泊老閘

二十一日辛未 行至高蘇泊焉沽酒共酌

二十二日壬申

二十三日癸酉

二十四日甲戌

二十五日乙亥

二十六日丙子

二十七日丁丑

下午至揚州 丁師何巨仁朱新翁皆上岸一行

早由揚開舟過瓜步上午至京口江風甚靜 隨丁師至二兄處暢談片時到福園午飯有何二兄

午後與二兄進城晤三兄少坐許時即同步出城時有微雨坐划船上大舟二兄送至金山河而返

朱新翁在鎮稍有耽閣遲二三日附輪南行

早東風開江晚泊棲霞山

順風渡黃天蕩時猶高臥 飯後抵金陵水西門 與三兄及丁師巨蔭騎馬進城在得月台小憩始及

月川兄自 遷寓在小石壩老張宅 與榮如同詣孫師寓 張四兄晚來 孫王人字樹鄉

發家信兩封皆由少之兄處轉寄 孫景樓移寓來 貢院已錄科 文題有子曰回三年 子曰問君子不厭多學 買三場卷

何某書甚雨夫丁早至邀同金如得月台茶叙 坐有孫通甫仝鄉及呂子樓 與朱榮如交案至坐茶會

二十八日戊寅

二十九日己卯

早間至蔭棠叔祖寓偕寸所、季九回　下午與三九約理卷得月台茶座遇月川聯步而歸

與秉如往請蔭祖至關柳桊論丁斷稿堂　曾蒼保至貢院會考優貢　偕秉詣素叢夫子不值

書四點開茶後來留飯下午去　孫所約茶　與季如先往至貢院内一遊　下午偕秉過書坊小為游覽

約席后茶不果　上午雲巢如芳伯鴻諸公偕遊清涼山便過莫愁湖　薪樵弟剩由鎮乘輪來

八月辛酉朔庚辰

早與三兄及月川薪樵問柳茶話　往書坊購經世文編等　劉六先生招遊元武湖乘馬出太平門
喚船未得騎行數里至湖樓拜曾公像　一路垂楊夾道湖心蓮氣襲人葉大於蓋花稍減矣
下午遊妙相菴及大鐘亭　鐘上鐫洪武年號數字

初二日辛巳

與三兄至縣學領賓興費便過劉六先生寓　蔚如心蘭兄臣約同往考棚看貢榜時猶未發道過南門
茶社小憩　偕兄臣購阮注甌乙部　據聞監臨陳公查孺太常僊蝶飛來

初三日壬午

薪樵招往買春園　衆蔭師蔚儒同往　貢榜已發丹徒陳慶年得優　正貢六名陪貢十八名　李實甫送

初四日癸未

來三兄信一封　書農夫子午後至占課得姤卦　與三兄邀可六兩夫子午後得月介座茶話晤及雲壁丈
過錢正賓閒話携來味根錄一部　早刻偕三兄邀蔣師茶叙蔚薪五坐

初五日甲申

蔭祖叙後至邀往問柳茶聚并請書農竹甫兩師　書斗甩付去三場送考費

初六日乙酉
偕應經翁至狀元境觀陳監臨璘、兩主試及内外提調、監試、簾員諸公進貢院，儀從甚盛

初七日丙戌
早興 夏甫、劉咪至點石齋購紀策通纂及通考纂詁等書 過孫師寓小坐 至蔭祖寓不值

初八日丁亥
辰初第五進，與三兄入闈，坐英字號，崇坐淡字對號 今科應試者上下江合計二萬三千人，平江府南總門一帶新搭席號數百間，往來甚覺狹隘，以致擠斃多人 崇如欲過我未果 晚飯後早睡 隣號為泰州王翁，其年老矣 何姓房病瘧未能與試

初九日戊子
寅刻題紙下 首題子曰可與共學兩章 次題及其廣厚高 三題堂高數仞至在彼者皆我所不為也 詩題金雲浮萌催聞宴得鳴字 三鼓後三篇始脫稿 黎明謄畢 即過崇如號含主談片刻 交卷出場 倦亟欲眠

初十日己丑
錢正兄過我，送來三兄信一函 午後強步至點石齋換說文三本 昨日微雨

十一日庚寅
辰初進場，坐之字號，三兄坐果字號，為東文場封門後號 考具入崇如號 余僅空一間 數能容膝

十二日辛卯

十三日壬辰

十四日癸巳

十五日甲午

十六日乙未

十七日丙申

宪臣亦同歸月下共話樂齋文　寫復元兄信一緘託錢振元寄去 內附家

丑刻過寧下易經為宪臣書紙誰海惟揚州詩既畢乃閱高的春秋夏五禮記膾春雨蔥秋用肯上燈時五藝成

勝子夜半起寫添註筆改時已抄過三篇急翻一過幸文後消餘八九字猶可補注亦危矣哉

早飯時約薪樵宗如一齋文卷出場行至明遠樓下寒風襲骨頗不可耐服藕米一碗始解不然病矣

早刻仍與元兄入闈風雨蕭蕭同坐康字號 本號號字九十三 隣號上江丁先生亦第先同號

第一問杜注左傳第二問遼史第三問十三子第四海軍第五問金石　午刻同寓五人齋文卷畢出　晚飲酒痛

飲圓月如盤閒步至秦淮一帶三元同行過桃葉新所道　擊柝歸沐浴

丁三夫子劉六先生早至　詣蔭祖寓　應名翁約午茶三兄下師皆往途遇宪臣

孫師約茶三兄及宪臣薪樵同去　至李光明家購經書二部　午刻登舟晚泊江干

十八日丁酉　巳刻抵鎮江飯罷上岸晤二兄暢敘一切至觀音洞散步　晚邀丁師福園小酌三更回舟

十九日戊戌　二兄早約福園崇丁師孫晉泰清莊坐　午刻與二兄同至慶樂園觀劇

二十日己亥　黎明開舟午刻抵揚州　與二兄上岸閒步買大石榴二枚　吳府幕賓附舟至東

二十一日庚子　東風未便行過仙女鎮數十里即住

二十二日辛丑　東風阻舟過攔江壩水甚溜船頭為水所逼斜觸岸旁忽然有聲頭艙幾為震裂晚泊方溪

二十三日壬寅　東風阻風隸潼曉與二兄上岸散步日落風寒心緒亂致迷路連日石尤肆虐檣鷁雖設無所用之東風不與舟郎便信然

二十四日癸卯　仍東風午刻到家由大王廟登岸先至杏林巷請伯父母安即詣唐府請父親安　整理行裝畢日已暮矣

二十五日甲辰　早至唐府　晤吉泉潤蓀　寫寄鎮信交福興潤局　巳刻到唐午刻同二兄吉泉大兄唐樂遊梔百

二十五日乙巳

早刻偕吉人至福宜參坐小茶下少農 沈九、六弟皆往 杏林居陸丁師午飯，飯罷與吉兄、三兄請一池沐浴

二十六日丙午

昨寬兄過我不值，今晤於福宜茶坐，立談數語，藹如亦在坐 早與吉人邀丁師茶聚 巳刻至杏林茶

共三兄談 還楊茶甫書晤 謁孫師 至李府問疾 至居齋 晚寫鎮信一緘

二十七日丁未

鎮信由居寄去 發興信一緘 李府招午飯，坐有李潛庵、孫師、沈九 午後偕三哥過俊民

叔潤 三兄過我小聚，晚飯後去 吉齋晚舟過我作別 閱潤含叢鈔兩卷

二十八日戊申

赴之甫約茶，坐有寺如 大兄生日往祝 四觀因受風熱，居閒腫痛，邀蔣衍芳人云，恐是外症 與寺如

過寬兄不值 晚後過試一切 赴孫府問安

東亭[illegible]

九月戊戌初一日己酉

初二日庚戌

初三日辛亥

初四日壬子

初五日癸丑

早請仰師茶 有霓兄、三兄、大兄、三兄後為楊爽泉約去 二兄來信並書一包 孫府午飯 偕霓兄飲後與

蔣如岡過雅常 午至府中 米林壽至二庄小坐

霓兄早約茶話 有孫師棠兄 詣府請父親安 左府嫁妻 三兄往賀 孫默素辯及楹件

長沙地小不及回旋 惟有將就了事而已 讀國朝文棣數篇 至凌云館 償前日碑債 過李府

逢過孫師 送種善堂疏薦 六弟午後至 閱申報云南闈試奏本月初三日方可謄錄

早起剃頭 偕三兄蔣霓兄至孫府 幷為小相戲劇歸 袁小卿由安來 晚仍回舟

吳木工來收拾書房 明日開館 閱經世文編五頁

閱國朝文三十篇 諸生早來 寫大字二十 晚至居倉螃蟹 孫師在坐

複鎮信一 機外書之札 三兄來早飯 午後謁丁師 過李府閒談 張剝王春翁招飲 偕霓兄

初六日甲寅

初七日乙卯

初八日丙辰

臣歸　高雅舫館在陞逵處內

早興後民復儀園茶話　微雨數點　改文四首交陞八兩去　李府送來螃蟹烹而食之六

弟在此晚飯　閱爾雅注疏　買國朝文數篇

早偕兄過後民即至太平園茶肆甫在坐邀丁師不值　過獻甫閒話　李姑母來　三兄亦來

午飯　晚與筆如兄至三牌寺方丈西室扶鸞上下手為孫景樓坐甫師也　語多難解詳之一篇

晚飯後復在店內容作閒請呂祖亦各示一機并以十一字屬對聞中數則曰奉聲不可不讀

異卦　二鼓時興楚翁丁師五弟東歸　夜來大風怒吼窗扇為開

張師母壽辰往祝　過兄臣璥談　書院課題子曰三年學一章　滿城風雨近重陽　得陽字

讀吳可讀遺疏係忠懇動聲淚俱下　晚與三兄完臣至三牌寺後壇丁師孫景樓亦往　在店晚飯

初九日丁巳

早同宪臣至蔚如家，時已葬已罷，因偕過三兄，即約至樂泉處小聚　巳刻同過劉緩甫，各占一課

午後宪臣過家　慕楚之兩弟登泰山　王伯庸居然逝矣

初十日戊午

早起雲氣如墨沉沉，欲墜，涼風徐送，疏雨瀟瀟，晚來層雲陡晴，若有霞意　請坐一日聊

藉稍舒消遣　楚之弟因雨未至　前日興有復函來　早晚甚凉，薄棉恰好

元慶以損紙來屬書

十一日己未

先祖妣週辰，敬祀如禮　父親、二伯父及三兄皆來祀先　閱本月初四、初五日報（內載[illegible]）

晚與三兄諸弟小酌，有殽有酒，行中式令三巡

十二日庚申

丁師約茶，有張小參、棠如兄　茶後與三兄至李府拜壽，留連一日，晚宴有螃蟹，有張宪臣

孫師亦在李府　午前途遇融甫，立談數語　融甫過我未值　月下同三兄、四

十二日辛酉

十三日壬戌

十四日癸亥

十五日甲子

晴雨 曹殿翁夫人仍去遺一子一女女猶未彌月呱呱在抱 傷外往慰 申刻殮後始歸

過崇如 寬臣過我 請若共話 上燈後複酒與張耀談近事 九點鐘去 瞻呂子純注

武全談及王姓事 占才評數兩朱一爲寬臣一百兩

寫鎮信一封交項冊帶去 二伯父邀寐翁茶 與三兄六弟往 到店少坐

閱國朝文數篇 晉里君一本 寫行書六幅 三兄至李府小聚晚過我 寓客保往蔚如寓借

絳業輯要未遇 悟留朱薪想寓 閱廿首 杖樓難信 晚大風甚涼

早興 至回妹三兄茶話 謁丁師 偕崇過李府 崇留午飯 寬臣着人送課卷

來 長題夫人 至三兄寓 按廿年連數 少年 小友題仁者壽 子日齋 閱晉略四卷

點國朝文數篇 閱說文兩頁 偕三兄過蔚如閒談 便以六六課相証 假來姚氏易義十卷

十七日乙丑

十八日丙寅

晴。芷新想　大兄邀陕塝蟹、吴甫明、沈同去，十点钟步月归。
检得十三岁所作仁者寿，子曰寿文一篇，因从宪臣处借来抄之。　巳刻过宪臣闲谈，假来正学编
四本，又赠毋千文一本。　早起寒不能耐。　阅湖北榜，发解首毛君荫桐，武昌、汉阳两
县中者较多。　阅正学编一页，说文三页，点国朝文五篇。　芷新想下午过我，旋往王府。
父亲病嗽，连日未愈，邀楚南诊，用小青龙汤，煎服一剂。　子久寄字来，二篇。
早过李府。　何援文由兴王閣於十日晚饭后送登舟，明早开往城头矣。　张二兄信附
李梁轩、颐斋等又上。父亲案一諫，三兄信一，申报四帋。　广东、广西、湖北、河南四省榜已发。湖
北元毛荫桐，广西元毛荫蕃，名字颇复相似。　父亲服药后未得汗，仍邀楚南诊，仍以青龙汤
与服，并至泰山堂配药。

十九日丁卯 霜降節

二十日戊辰

父親服藥後仍未見汗而熱已解咳亦稍好侍藥一日 李府餽白魚一尾旋買二尾轉贈

三哥來午飯下午偕往曲江池洗浴乃輝同去 與掌櫃過竟臣即約同至玉常樓一聚

觀翁三種戲就氣開今風流韻戲興盡而返 至素祖處小坐有陸雲衢 元省素侯諸

君稍浙江浙試先王鶴齡 正榜百〇五 福建元鄭俊陵 正百〇二 副十七 林姓中

廿一名可謂盛極 河南甲額正榜八十二名元彭壽彥 湖北中額正七十名 副九名

廣東元楊裕棻 正八十八名 副十七名 廣西正五十二名 副九名 江南榜信據云須廿二日方有的訊

閱八月念九日京報江蘇學政王彥為紹解到有識書籍計用銀一萬八千三百餘兩為書二百九部

計一千四百三十卷 張沛臣有小幅記汪張合書 寫說文四十字 複興信一緘

早至楊楚山寓邀為父親診至晚始來用乾薑五味白芍甘草等藥未及服 巳刻至杏

廿八日己巳

廿九日庚午

林若偕沈兄到店　與三兄東行至李府　遇春海未晤　遇俊民　俊民晚來閑飲坐有

大兄及二兄時雨聲瀟瀟遂與三兄話連床之昀談至子刻始睡去　在李府晤及孙師云

今科正試試意在經策首場并非所重也　閱說文三頁策學數条

李姑母來三兄等脾票百　父親服非方風感已愈八九　姑母及三哥皆晚去

下午腹痛異常服乾薑少許稍好

丁卿早約茶園聽歌暨有寶如　茶後同過秉如　三兄午刻雇舟下鄉一行明後日即歸來也

振之兄寄來申报并李仲笙等　二伯父李姑母皆程午刻來　午後邀占牙牌數一条錄後

泗上何人識沛公。誰知草昧起英雄。帝王卿相非常業。多在魚鹽販賣中。

順天鄉試南北省題名　南元黄鍼琳江蘇人　解元劉坪直隸人　江西鄉試題名　録解元

寺跋識共計正榜百〇一名副榜十八名 廣東南海縣計中廿三名 父親喀咳已愈惟痰多腹中時或漲瀉仍服非方 在杏林巷遇晃臣稍談數語即去 江西榜中如羊新碁益堂司徒廣東之璜 岑元英 蔡元蔭皆可謂榜花也 張府塚 王府墳

九點鐘起晏甚 據聞昨日放榜茶後遊至晃臣寓閒談晤及心蘭下午孫師蔚如亦至相對寂寂時已上燈外間杳無消息忽喧嚷之聲直破扉而入晃臣急出開門而報者至矣噫此時此景而猶曰我不動心是豈人之情也哉於是惘惘歸來孫師蔚如心蘭心蘭各回寓所適飯時丁師過我云汪作舟中三十五名並魁捷唱唱後又加一擣區區方寸於斯亂矣無已復步出門行至彩衣街首聞晃臣家業已開報中第十七名經魁同學少年二兄多又賤不才如我慚愧淚零已無可奈何之際又得丹徒正榜八名副榜一名

之信蔚如剛一百十九名也試數年日知文無逾此數人者今皆奮翼雲去此亦人生最奇之事無如人各有親人皆有以慰親望我亦人子我 政之望我果何時已耶思至此彌覺淒不得已由原徑步回閉門 言郎鳳兮鳳兮耶何不飛而不鳴也 與父親來信一緘

十四日壬申

候民早來約往見汪劉二處致賀 路經請先生課館 候民求取一課 見用徒全草稀但第五姚錫光易之其中如張宗森陳廷錯等名次高第不一 孫師遐務閱閱不樂 大兄下午來 三兄由衙來聞信後稚候睡相對而已 復檢乩語頗有可信 如讀秦（？）即指先生一人言也 左之右之即隱下言不中也 故得春山先生枚籤諳知夏姓中也 仙耶佛耶神耶鬼耶 其真有雲來耶

十五日癸酉

曹家二叔偕宋如往而便與之遇 蔚如亮臣兄全錄丹陽優廩生 親有聲中

第七名丹徒王樗共計九名電報漏去王樹勳也 解元姚永概桐城附生年廿二

孫師過我閱加丹陽文出一缺 二兄寄呈題名錄一本憶前人詠此題云傳來一紙

泥銷須到秋風過了二語真令人泣下

父親復受新涼痛瀉十餘次亟邀楚翁診用蒼歸四逆加味法服一帖即愈

三兄早來約茶未去 朱次虞家聞下者人持月上歸 心蘭午刻過我談及志學曾

由今歲得劉夏二君大為增色我輩年華甚富激厲正在此時要不可自棄餒氣

積去國朝文棟兩本送至渡頭而別 飯後無聊偕五六弟出門閒行過板橋觀

打夷主片刻信步過縣前晤話復偕行至板橋倚闌許時日落始散 二兄下午過

我 後民亦過我皆不值

廿日乙亥

晴晝後至凌雲館購筆順過楊楚山邀飲 東至太子府閒談 途遇心蘭約午後在
林若會 午後與三兄東行復詣丁師借來角山樓賦二本 在西兄晚飯
坐上共三人 心蘭筆如風津津可觀後各散 二兄寄來信一緘 內到梨子等
風信甚緊夜分漸聞雨聲 閱廿二等日報 楚翁來談

廿一日丙子

雨由昨夜直至今午後始止晚明霞映天 巳刻接昨方託楚翁匠便至種種
既爲 過俊民見隸子才先生十四歲作高祖論筆情恣肆迥不尋常
俊民贈承筆一枝 閱角山樓賦二首 下午過完庄閒談擬託購法書因不至
金陵西龍泉菴子臣書札四本 靜坐數息百入 燈下閱明季遺事數則
父親昨昨方 寫寄揚州信一封附衣包 閱曾公書札兩篇

廿九日丁丑

遣時二至兜臣處借來詩注疏二十本韓文十二本 三兄過我便偕過俊民
午後擬與三兄至閶門聽書未果小步巷口順催南行之毋 兜臣過敘閒談彼此以學相勉
升沉之概無存於中吉稱益友其庶幾乎 三兄携去文棟一本 心蘭遣其弟來借
漢書不值晚以兩本訖六本帶去 詩經注疏爾雅注疏孟子注疏共成一套文六本帶
其三哥 楊豐偕午刻來訪 兜臣肴紀送來爾雅注疏五本 燈下閱文正手札
十頁 西北風甚寒天氣陰晦 靜坐數息百入

三十日戊寅

寫復東坡信一緘 閱韜軒語及文正書札 代李復吉齋信一緘 下晡晚過叙還
來詳敘四兄并信託事與蓮甫鎮 午後春泉沐浴見一沈姓者與他人累與談頗
諳世故語及予伯仲髫年入泮事艷羨不置嗟嗟轉瞬光陰荏苒九易周身

自顧仍披着一領青衫，坐看衮衮諸公聯翩直上，未免有情，誰能遣此。燈下笈胡

第文　静坐數息百入　辰正起　亥正卧　西北風

十月癸亥己卯朔

初二日庚辰

早接鎮信一緘附丹陽張佩蘭來信內言補廩名節又附申報數本 巳刻過心蘭未遇 至杏林巷小坐後與三兄過心蘭清話片刻出門聯步行至三元巷口三兄特至辭稱廖霽巳六十 三兄東至丁師家告辭 後民過家 雨聲過家約會課緩明年 午後約心蘭聽書未至 偕崇俊至凌雲館購筆 薄暮同至城南觀魚 途晤蔚如聞闈墨已出所登名作半皆古藻紛披 擬復丹陽信稿是日城隍神出巡奉 旨利涉橋之明兩弟皆往 閱九月廿四日申報寫寄三兄信并附復張信樵封一緘交福興潤局 書院課題子曰由誨女知之乎一章詩題料得寒枝有早梅得梅字作兩卷未有稿 傍二兄來 福弟午刻自灶來檢出研經學集設閱先夢熊公行述一過

初三日辛巳

早起作試帖二首補臈二卷 着明弟送完臣處託交 與笙如偕遊寺廟

閱文正書札一本 過完臣未晤 子冬寄來文一篇即為評閱寄去附去題三十

初四日壬午

笙如兄早過談 充發來三十日信一緘附江浙闈墨二本（當復去） 江墨元作平平 亞首劉崇顯文可謂無愧 至如江標為元 沾沾既累通闈 皆能於百萬軍中獨樹一幟 閱畢為丁師取去 六弟由心甫處攜來墨卷板闈墨一本 完臣之物也

完臣過我偕往城南閒遊 午刻以闈墨送交駱甫 檢去吾畀四本文正書札四本酒令叢鈔二本（校先生舟） 象緯留暢徑文二本 統由六弟手交與之充 燈下閒閱子冬文四首又二首 完臣晚舟往江陰

初五日癸未

笙如過談 定於會晚舟試二律以餞之 畢復過訪未晤 在查林蒼晚飯坐有

芸甫心蘭雛樓便飯，飯後談片刻始散，即送筆如登舟，李紉芳芸甫同行，後芸甫以
弛杖致薦，遂作罷論，獨行踽踽，殊難為情。在居晤及徐師，晚飯後由居歸。
復將子久文交房寫。

初六日甲申

徐師屬帶假浙墨一觀。謁徐師，至居。李姑母來。過滿小文。早閱浙墨，佳
作頗多，較江南有過無不及也。遣人還燈籠至陳府。楚翁午後來，與去王屋交單等。
李府晚送來螃蟹十枚。

初七日乙酉

早往西會楚翁諸君交房與王姓，八祖母暫移杏林巷。今日辰良茶請祖位入本宅。
在杏林宅中飯。王宅押租由楚翁手撥回年李千兩有奇。晚由居回。風雨一日。

初八日丙戌

點論語注疏，至道子乘車止，寫大字二十，閱角山樓賦一本。綠樹婆娑，葉華華續

初九日丁亥

風甚冷午晴時補紙窗隙數處 發鎮信一緘 王浣時書 靜坐數息百入
鄧駿元來借閱墨一觀 心蘭呈其近日課程 欲寡言靜坐收斂心三者 諄諄相勉 獲益
江墨本一又研經堂集一部 蔚如今日拜客午刻至 點肯晚來贈我試策紙兩套并
墨格月上時去 晚由店至杏林若易衣往杜府壽筵坐有吳竹如翁談及作舟由江陰來
輪赴夜鳴宴 靜坐數息百入 誦朱文公敬齋箴楷錄一通 閱臣具子編一本 如嚴之課
程寬著意思省說閒話省見聞之吝半日靜坐半日讀書諸語皆爲學要訣能與之後

初十日戊子

閱杜詩六首 寫大字二十 在店見二伯父屬訪陳府壽辰 養心莫善於寡欲 方讀
經便欲觀史方作字又欲做詩此即多欲之謂也 切忌勿助長最好
俊民三十生日偕弟往祝 五日五初八日 途晤雲衢 寫大字四十 點學而注疏終共兩頁

十一日乙丑

閱爾雅注疏序三頁詩譜序七頁　午後謁丁師還去角山樓賦兩卷　過李府問語

月出而歸

十二日庚寅

寫大字四十　閱小學編一本　點論語為政注疏　點爾雅注三頁　點說文標目十二頁

午後到店稟伯父送陳府壽禮　爾雅綝善也義未詳　靜坐數息百入明月如入我懷

接二兄來信并初二三四日報　錢桂森謝恩摺由驛馳遞非是交部密議　新種菊花兩盆

八祖母由西來晚去時剛月上　戴少蓉上黃方伯條陳六條一正禮樂服色以重名器一禁寺院香市佛會以端風俗一慎選紳衿以資表率一秋審當甚加重燒搶罪名一購行輪船以興商務一退鐵路省先其所急　晚飯後與錢小峯步月

早謁丁師　順甫借去浙墨一本　丹陽李斗來信一緘當寫復函　二兄寓轉交

十三日辛卯

十四日壬寅辰

寫大字四十小字百廿 點爾雅注三頁論語注疏頁半子四毋章止 說文三頁 詩大序三頁

點古文三五篇 誦文選詩賦各三頁 讀漢書律歷志三頁 閱困學紀聞一本 晚至橋頭望

月 靜坐數息百入 讀管文六遍 改文二篇

寫大字五十小字百廿 點爾雅注三頁 說文十三頁藍字止 論語注疏頁半無勇也止

讀詩經大序 讀律歷志三頁 早往杜府祝壽 李姑母至 晚偕弟若日步月聽講

家讀子路問成人論語 靜坐數息百入

真子蔣林之弱至復得來話 過俊民未晤 過李府携福官來 振之兄信知三兄於初八下午抵鎮

明年館事如常 又振飛佩來信 午後謁孫師未值 到店見二伯父知三兄帶有漢書二本由局寄

下又甲乘八本 過仁甫兄未晤 杜嚴來留談片刻携四江里堂一本 鏡之來信藏

十五日癸卯 巳

又致興化泰州舍弟信託轉寄

早發鎮信 玉內附復張信 又發懋頭信一緘 送陳壽惇等 二伯父至飯後往李府

復二兄來談家務 心蘭至叔常來研經堂集四本 晚過丁師未晤見業頭今科貴遺卷

又復蕎而來借丁三夫子公羊卷 靜坐數息百入

十六日甲辰 午

三兄由局寄下前漢書兩本 心蘭遞來書單一紙 六弟手遺去 點論語八佾注疏一頁

閱國朝文匯篇 點說文三頁爾雅注一頁 讀關雎三章 律歷志三頁 往夏府賀喜

山長有課 託渭秋枝蓂來至遂罷 陰雨竟日 晚飯後小雨微露月影

十七日乙巳 未

曉起復閑窗外雨聲 諸生畢不到 暨弟手假心蘭鄭石知多公經一部

寫大字四十 點說文三頁爾雅三頁論注疏兩頁八佾終 讀葛覃卷耳桃夭注疏

十八日丙午申

十九日丁未酉小雪

閱古文十篇讀律歷志三頁 風雨文一百 晚蔚如邀飲京正面
早攜漢書二卷還從閣不遇 至杏林宅稟二伯父安 朱履和作書 心契二叔 往慰之 聞李延甫
延修文之名上有老親竟爾長逝亦可哀也 晚同心蘭於李子家 過蒙三房 心堂畧談近況
父親今早到店 在店聽及後之兄 寫大字二千 點說文一頁 爾雅二頁 論注疏三頁
里仁第四終 讀漢禮樂志二十頁 氣息深厚 愈讀愈妙 點經世文二篇 北風蕭蕭
成刻毛雨涔甚 江南武闈清息近在旦夕 第連朝風雨或致遲遲耳
據聞昨夜微雪 早過李府 由杏林宅偕作第往賀蔚如喜 祁楚翁藏有龍顏寶子
二碑與心蘭共賞之 并觀步江小花諸兄之墨蹟 心蘭至蔡家吊 同行而東 李府招
午飯 聽及孫師 過畢西俊民 過笏山丈 晚隨二伯父坐船回 點說文一頁 爾雅注一頁半

二十日戊申（旁注：戊）

論注疏一頁 與石泉材材哉言字通 讀兔罝芣苢漢廣汝濆麟之趾鵲巢采蘩傳箋

讀刑法志十五頁 點吳子術作兵制文八篇 晴冷 静坐息百入

二十一日己酉（旁注：亥）

晓起霜華滿屋 背書未半 俊二來為其家事部署一日 在李府飯 過春海略談 下午復過李府 五弟亦至 於巷内見丁次書 是晚未能静坐 夜来無夢 夢境甚唐 存誠不密於此可見 棠來信 付織索絡繹箋註等書 并有和俞詩二章

早 父召至店 閱二哥來信 外甥乘八卒 點説文三頁 爾雅注七頁 寫大字四十 鄧石如篆三十字 静坐 下午偕俊二東行 便過李二府 日將暮 一人着布衫貿貿然來 丁其姓 三福其名 據云來尋大伯父 見伯父亦不識 惟稍身世落拓 窘窮 所堵賠三百文 與一不可 且以男子漢自命 昨曾在西宅借得少許 未與遂至此 嘗問而之 亦無他辭 時已上燈矣

二十二日庚戌 子

渠久不去，遂假以百餘文，仍不去，且出惡言，伯父見其狂妄，姑置之。直至晚飯後，詰以何故相尋，渠亦不能答，遷延久之，蹭至二更始肯出門。隱可怪也，而實可惡矣。

借來蔚如衣兩襲衣。寫完皇山人篆書三十字，臨黃山谷醴泉四十字，點說文三頁，讀食貨志十二頁。接二兄十九日寄來手書，申報數紙，無別語。晚往陳府饒筵，聞武闈榜發，東台中兩人，一方姓，又騐及宋年八百言。初二縣課陳沅已取。靜坐數息百入。

二十三日辛亥 丑

寫大字三十，點說文二頁，爾雅郭注三頁，論注疏二頁十室節止，經世文六篇。

讀漢食貨志十二頁，詩召南傳箋終篇。燈下作致興信稿，五弟、小岑、恩晒、趙方一帖。閱藤香館詩五六十首。

廿四日壬子 寅

兜臣由吳歸早，約同心蘭、蔚如、渠泉、本叙。蔚如午後啓行往江匯矣。

二十五日癸丑　卯

寫大字六字　下午往李府爲作復吉齋信及致蘭階先生一緘　上燈後回　誦吕

集二篇　靜坐數息百入　五弟仍服藥　寫致興信一緘附　附何信件明早發

往師處　陳府八樣青衣早往祝周花百歲及融甫虎臣仁卿諸君　湯幼麥蘇　抄

二十六日甲寅　辰

龍爺頭爲解慰　五弟小愈　三點鐘同陳歸　靜坐未能讀書　復雨　接興信

擬復鎮江信兩緘　交周允孚帶店　猶雨至夜風聲大作　點說文一頁　爾雅二頁　論注

疏頁畢　國朝文八篇　讀邶鄘衛詩譜　柏舟綠衣燕燕日月終風擊鼓傳箋　漢倉頡志

三頁　靜坐數息百入　言多氣浮

二十七日乙卯　巳

寫大字三十　點說文七頁　爾雅釋詁釋親　論注疏一頁　雍也章　讀邶風雄雉

匏有苦葉谷風式微旄丘傳箋　漢郊祀志十頁　閱王東選子數條　讀韓文一首

二十八日丙辰　午

接玉兄信并廿六九兩日申報、順天墨一本。午後與林壽朋商訂瑟園先生文，殊不可當。

二伯父壽辰，早往杏宅恭祝。在宅發復興信一緘，送伯手帶交。行過小月塘衙，作冰花寒可知也。過心蘭書館暢叙。虎臣今日拜客。閱順天墨共三十八首，多清真之作，精者包孚詩題過楊柳讀書堂得書字，第五名温仲和廣東嘉應人，其試帖最佳，特錄存之。

楊柳樓台外，菁齋此擁書。近依東觀讀，寫擬北堂儲。風內青絲葉，檐綠野廬。軒明金鳥了，樹暗玉蟾初。以隱陶元亮，探吹董仲舒。隔移重榻韻，破一窗虛。世累真歸莫，神心字飽魚。還從窺中秘，籍恩廣荷丹除。

二十九日己未

東台學師課士題趁進翼如也詩賦人各始得先字為人作文一編

作試帖一首點題次聯云造基全在冶慎始以成淵以下數聯云鳳麐來儀百鴻芸

待闌天生頭于石玉總同郎興權師昨題之　兄臣過承閒談至燈後去記其

領書院卷首雅陳什　楚弟手由陳取來賦鈔等及余四家詩文一部

卑屋反凝霜不甚冷　陳府招啟來往　九點鐘時吳家蓉從吳慎

十二月甲子初一日戊申

宪臣早約茶話便至非在天寓計坐二十餘客遇心蘭為王君泉邀至其寓偕聚坐
有唐月川郭古史　茶後心蘭月川同過寓心蘭假去經學質要首二本
借來宪臣淮南春秋列子三書　復之約至王寓話　過李府午飯為寫致高信
一緘　陳瑞西過寓　二伯父屬信託鎮購件　讀淮南原道俶真二訓

初二日己酉

靜坐息百入　聞有往邗溝遣福弟帶浙果未得
接二兄前月廿日手書又崇信中報等　呂渭送來書院官課卷二本　文題固天
縱之將聖一句詩題寒松色轉新得寒字作一卷　復民午後過寓借去
子江南里年輶軒讀本書院餘一卷亦為携去　兄來信略述錢鄉路未
現有開壩蓄水以工代賑之說行止尚未可知

初一日庚申 雨

孫師昨作一笑遺容係交去詩有云蒼崖初留夏社白眼属春官未便翻時樣

長教繼古歡亦可見其抱負矣　託寬良交卷　張佩蘭由陽來與之周旋

晚飯後回　在店剃頭　寫致叢信一緘交張帶去　夜有賊竊去布衣兩件

後隣羣起攻之始去　閱淮南子

初二日辛酉 晴

早到店呼保正陳照昇更來至寄書二角[illegible]追[illegible]以磬後來　約張佩小泉楚

角至晚　茶後佩借去洋四元以歸後買洋花景銀　夜幫佳泰川　寫復初戴冀一緘

閱淮南精神訓　點爾雅一頁說文一頁論語疏三章　燈下寫復鎮信一緘寄

雨有附業信　夜至晚屋瓦有聲拆臂一呼寂然不動

初三日壬戌

早發鎮信　隨初六日徐孫宜茶話伴方蔣楚楊席六弟之宜　晤作舟果設

初六日癸亥 癸丑

陳府着来謝壽 遜齋姨丈至上燈後去 大兄西杜安豐回

早往李府攗甘兄来 途遇丁師 大哥来午飯 閱淮南主術訓 霄居於飲

晩去望看孫師心蘭 李姑母至 地滑於洒

初七日甲子 寅

父親壽辰早起叩祝 二伯父及大兄楚兼弟皆至 孫履之至 縣君外姑之婿與歸里

儀注甚都[redacted] 午前過丁師取来順天墨一本 過俊民匆匆畧談

途遇霄居作冊背東行 申刻與大兄福弟攗之宿至五福堂沐浴四時暮矣

何鏡清来信一紙 靜坐 容保手帶去順天墨一本

寫大字十六個 閱淮南子 俊民来留飯下午時去 假去續經世文拾六本

有夾板

初八日乙丑 卯

陰陰欲雨 早飯後假寐片刻

初九日庚寅 丙辰

往夏府賀喜 京口遞來二兄手信一緘 初五日發 并十月廿六、九、十一月初二、三等日申報 求志書院秋季課題 經學 三事大夫解 相者二人解 以什共車解 十人爲騬解 史學 後漢書黨錮傳書後 又儒林傳書後 五代史一行傳書後 五代史唐六臣傳書後 掌故 怡賢親王興辦畿輔水利營田攷 書魏默深軍政篇後 又軍儲篇後書 儲六難原勢三篇後 輿地 古大九州說 禹都安邑辨 衛從楚邱辨 東取驪沙議 詞章 宋以八月十五試舉人賦 謹道以中秋月引試 擬東坡鹿鳴宴詩用原韻 秋塞 秋草 秋燈 秋漏 秋吟 秋眺 秋懷 秋夢 皆七律 何處秋光好 用白香山何處春深好體 大哥下午由東來 穆元肯去 讀淮南子十頁 借後民試帖二部 福卿手 早微雨 夜復聞雨聲

初十日辛卯

閱泰州王子勤青箱塾試帖一部共四本鉤心鬬角巧不可階有朱陳村一

首云世鄉殊赤緊舊姓屬朱陳又儸皮屠肆客坦腹卧樓人縮退窟納采

金鑄屋長春[redacted]又如來到曉鐘稀星者內云日高天空海價備佛

能容亦韓之湖上騎驢云清淨土三竟居押韻妙極再人夜語覺潮生云魚鰕市白

賤鷗鷺陽憲聽瀾西漢陽大江東去云酒洵人物書天入疏渠泯泥把諸屠梭

叙云貨魚方點石饒呂原如淮墨誌一斑其神妙概可想見矣

背書後至西宅請伯父安到廣請叔安帶來張林巽珠卷擬往心蘭處晤談

未果閱明史畧帝紀憲宗云新月誰將玉指甲搯破碧天痕彩雲江湖同嵌

龍不敢吞二更時急雨一陣

十一日戊辰 午

閱寰燕山試帖二卷筆意靜細大有先正遺風 午後過李府爲作複書

信盤桓至戌刻歸 寰詩中子卿還漢一首甚佳 歸後

十九年前第三千里外人不圖胡地妝還作漢家郎 輒首指秦關題衣留滯

海蜃樓年年羅夢冠劍剩孤身 馬角居然出 龍旗洄復親題朝日

輩少房國罵衛詔受命共無辱 蓋孝安無忌神 河梁詩淚俗無絕錢

日晷 三兄寄來信一封 外贈兜良詩高 長安道上休回首 恰是退龍破

十二日己巳 未

篋來 淡晴

孫履之三十生日 早往賀 閱寰詩二本 如麥隴風來餅餌香 好供饞者饞

翻愛屏人雕自新意書 閱困學紀聞小學編 馬註其一需多卷

十三日庚申
十四日辛酉
十五日壬戌
十六日癸亥

孫師紹午餐 偕有金少雲穀旭初及大兒等 風甚寒 昏黃時月色皎然
虎臣過余 攜來直墨三本 寫大字三十 點爾雅釋天釋地釋山釋水
閱淮南繆稱訓說林訓 閱福建湖北闈墨 俊民晚來 黃昏灑雨點止
閱淮南說林訓 廣東闈墨 寫大字二十 點爾疋釋草 寫復汪信一緘
晴冷
寫大字四十 子先午前來談片刻去 寫復鎮信一 檢寄河復泰信又銅刀心柄
點爾雅釋木釋蟲魚 經史文編三頁 淮南三頁 大兒晚至 晴冷月色可愛
壽府紹午飯 盤桓而過俊民閒話 今日出書課不知題目 送卷來索作
俊民過余不晤 比常來謄寫文一套 湖雅集每四本 江墨一本取去 閱墨二本

十二日甲戌

十三日乙亥

鎮來信一寄外舅漢卿年丈三陳注孫茗庵

點爾雅釋鳥釋獸釋畜　點說文辵部起廴部止　閱淮南齊俗訓

仲長統傳續讀一過令人有遠引之想　是書辛王文安便過李家

讀文正公答劉孟容書及聖哲畫像記　午後觀天色微茫江中隱隱若鬆

一目其目眶若畫之傻窈者然亦一奇也　元氣爲舟微風爲柁

千里之堤以螻蟻之穴漏百尋之屋以突隙之煙焚　喻貴民惕甯志

體要皆至言也　海知其所出故能大輪復其所過故能遠

寫大字二十四　讀簡齋泉州北門北風靜安新名子來自傳錢　朗誦前漢

郊祀志十頁　點說文目部至鳥部　閱經學讀編一卷　誦昌黎南山詩

十九日丙子冬至　陰

子美北征詩允稱絕唱　早發復鎮侄信、緘交家信書復錫田侄信寄去　為李作復冀信、緘　寬臣晚過寄嗎子談　月光如畫

早過李府，道遇俊民申甫，邀至家閒談。申甫借去讀文壹本　午前送俊民至城南三談片刻　風日晴和，一陽其已動乎　午刻祭祖　二伯父、々弟俱至　俊民申甫午後復過寓

虎臣心蘭伯鴻同過寓　心蘭攜去漢天文志一本　寬臣帶來發西省中學課文一首并此課首肯矣　送心蘭寬臣出門，且行且話，不覺已至當年寓廬矣。時馳甫在邗江，故未入其室　今日暢友朋之樂，惟仲叔兩兄遠隔江左，引領南望，情動於中

二十日丁丑　晴

得二兄十六日手書，愈信聖人未思何遠之言，唐棣之華，古人欺予　過寬臣閒話

將前借之閑墨三本歸之，假來皇清經解三本，又文選一部，甫西園叢書三本

二十一日戊寅 雨

朋輩少年皆衰矣，見君稍紫花盛，謂為耐寒守素，其信然耶。閱俞集一本。晴。於

過蘭讀其近作，可愛之至。往朱府吊，晤及寬臣。下午東行，便過李府

二十二日己卯 己

晴，微風。讀淮南三葉。閱俞集三本。

孫容保送來周墨卷一本。午前剃頭。讀淮南要略終。

張廷魁燒來王某書，託寫。燈下接顧信，今科以落卷寄回，所批：楚房賴

先生批云：條鬯少精意。三元卷亦寄來，頭場房批：內草作一苗書，御

宣而行，自成機杼，次亦有法，並無遁詞。二場堂批：一氣旋折，文筆甚

清，次亦出一律。二場房批：氣盛詞昌，題情無有。堂批：五言殉

流利，清適非俗，實無少不免為駁正，遺惜之。備，三場房批：情順

二十三日庚辰午

臺批罷房考是湖南武陵縣人甲子補行辛酉舉人梅琛丁亥之產
即在此公房內，俞增同在第一房，亦一佳證也
天氣陰陰微寒
早到店。舊有王姓來要其婦女，奔至來且罵且詈，因吾先甫向之告借
未允，即找之往東，如此無禮，爾家不問，後日開罪於爾莫怪，言之不早也
來勢洶湧，欲往他人理論，情形方平，屬本門。店夥趙某堅為縣
君伍伯所拘，據云有票據，主帘數計百千，且其七妹子等，今為不知
何許人所得，據云琴堂處以半歸公，半償其數，概訊之來，職是之故也
請二伯父前面安，并將廟事本末言明。過笏山先生，過李府午飯

二十四日辛巳 未

二十五日壬午 申

晚寫復鎮信又接二十日兩兄來書 晴 有霜

由二店到西宅稟事 便過秋巖叔伯時已午矣 復過二店小憩 夏四情家

三老太太仙去 循道往慰 燈下作寄薩祖稟啟 附入復鎮函中

酉正倦而假寐 逾時復醒 連宵未能讀書 前日漢卿留此

遽來壹緘云古今圖書集成頭二批書已出 計兩大箱 山子餘本許

以往觀 第不能輕借一件 —— 和融之至 在人家見新歷

一年 明年初四立春 凡三百五十五日

早往李府旋到店 趙事已解 寫小字八千 大字二十 為福弟書摺扇一柄 錄

放翁詩五首 閱逸之陵泳靈行間 閱淮南詮言兵略兩篇 桃府伻來接

二十六日癸未 雨

二十七日甲申 陰

福弟還家整理行裝畢 日暖烘人可愛之至 早霜甚重

江驛雪何將玉屋暗香初探一枝新平生不喜凡桃李看了梅

花始過春 偶讀祁竹岡詩鈔見其詠梅一絕寄託遙深最錄之

盤翁早至閒談片刻擬去令科房考單 往莊愛家弔見丁師談及崇如秀同

為悵惜 福弟坐車歸沈灶 讀列子天瑞黃帝周穆王仲尼四篇 仲尼篇一日極楷

申甫午前偏我做去讀文甚本 討文百首 先祖成秋公誕辰敬祀如禮 丁師放學

酒約同西行過杏林宅 聞楊文宗觀風題 押有道 人負且賤焉賦題 歲寒堂賦未詩

然君容再詢 晴和地氣滑潤之至

畢俊民之弟今日吉席早往賀 午刻西行偕六弟至張府賀喜 其女今日出室

二十八日乙酉 亥

二十九日丙戌 子

午刻到店，見二兄寄來之申報，載丹徒縣務訊公書，又茅鑑秋、陸孝子鈞書。

二伯父午前至，飯後同至花畔茶寮，為吉林之弟姻事。 晴，午刻大風起，早有霧。

閱列子湯問、力命、楊朱、說符四篇。湯問篇云：昔者女媧氏鍊五色石以補其闕，斷鼇之足以立四極。其後共工氏與顓頊爭為帝，怒而觸不周之山，折天柱，絕地維，故天傾西北，日月星辰就焉；地不滿東南，故百川水潦歸焉。 二伯父午刻至，旋坐舟往李府。 午後至店，聽及宪臣談談近事。 閱呂氏春秋孟春紀五篇。 和雅老作。

東北風大作，陰晦欲雪。 為人書輓聯一副。 閱呂氏春秋仲春、季春、孟夏三紀。 偶繙張百川先生所題文元易先正曲，飛詞流沉浮學步。

戌刻即卧。三更後，聽聞撞門聲，我百齡壽應之不止，急詢何事，答云有賊，言

二十日丁亥 陰

弟披衣從房戶持燭遍視未得其踪迹時屋瓦有聲由西而東若不一其人

攝息靜聽其聲耳漸稀然與弟坐話至天明遣僕出巷口探聞據云街頭洋貨

店被人搶夜來撬門去更云也

早到店　大哥午刻來樓元宵去　六弟贈來張大文觀課文一部

東北風　微有寒意　戌刻　瑞雪紛霏由霄而下　閱時文數十首

十二月乙丑

初一日甲子 寅

初二日乙丑 卯

初三日庚寅 辰

初四日辛卯 巳

初五日壬辰 午

早發鎮信一緘 午刻過李府飯後回 北風甚冷餘雪未化若有等伴之意

頗有晴意 寒氣侵人 水氣皆冰 屏由以實膝局書讀劍南詩呂之氣鍾東華中條秀文章先秦兩漢間即書以歸之

夜子大風起 江凍已聲 早起冷不可當 點水皆冰 父命到店行經廣濟橋頭見一人之帽為風吹去 龔二公亦利矣乎

早過李府 忘帶風帽 兩耳凍非我有 需匡過我 唯冷殺雪未年

竟日非煖硯不能運筆

後民早過經述兩淮鹽政利弊 并述先臣事略一二 午刻微雪無何風勢

初六日癸巳 未

初七日甲午 申

漸堅。瓶花如席，前薄暮已將寸許。開門甚早

曉起開門，雪花未已，諸生不到。午刻雪霽，日光杲杲。不剃頭十

餘日矣，芽髮種種，殊難為情。亟喚王某者，不識其枝，若藉免此，沒權

頭耳。王某遺我鐵了事一枝，猶年例也。 六弟作掃雪詩一首，內

昌數聯云：浣紅新樂府，和白舊書窗。芳草芳和我，落霞怡到天。猶

雨聚。是日常禁倚詩。 君居遣件來取去劍集三本，注解三本

昌綿情而棉夫寒氣逼人，本甚。屋簷頭餘雪化作玉筋長條

居內種花送來佛座。吾植 昨夜三更，始聞竹竿竅竅之聲。五弟來

呼已。戳庭剝麻絲

初八日己未 乙酉

初九日庚申 丙戌

初十日辛酉 丁亥

十一日壬戌 戊子

早偕俊民由店至汪府賀喜復過舍小憩 樵青相贈帖倚詩存兩部

託客保往畢寓取回浙墨一本 又借來阮氏鍾鼎款識一部

讀韓詩十餘頁點說文五頁 俗傳今日為佛誕家家喫臘八粥

天氣晴和

在店書春聯一副 午後雨 晴日有處南風化雪橋南一帶滑澾之至

讀韓詩一卷 大哥晚至月光寺止 鎮江久無信至揚驛人云河凍好耳

午刻到店 讀昌黎集一卷 晴而和 早有霜

往店行歸時東風大作雪花撲面逾刻風寒而雪亦遂止

讀韓詩一卷夜不甚爲青說動止聽目

十一日癸亥

曉望淀橋一白無際，後午雨雪襍霰，尚不甚寒。往李府問疾。

孫師青辰親往印祝，談及蔡風頭云。點說文三頁，誦韓集一卷。

過駐甫未值，途遇丁郎男談。

昌黎酒中留上襄陽李相公詩云：濁水污泥清路塵，還曾同制掌絲綸。眼穿長訝雙魚斷，耳熱何辭數爵頻。銀燭未銷窗送曙，金釵半醉坐添春。深知公不久歸鈞軸，應許閑官寄病身。又芳陽月時之首陰氣來，和衛材龍之戶律未上日馬人來，吳越商人賣曙，催歸日未曙，酒白盃之䄎。

案：吳越估人，謂江西賈，轉清鳥之亮，偏於曉，鳴江南語之音矣。

十二日甲子 庚寅

居同酬神，早麵往賀王家，遇嘉書，過心南讙談，得知觀風名題。

生題 拜石道玉恥也 雪芽為秋水渦以沈陽芽字為韻五言八韻 范文正公歲寒堂賦

小蓬萊三松放以名之為韻 詠懷古蹟六首不拘詩韻 十字碑三首 詩投金瀨

試劍石 桃葉渡梅花嶺 九江何解為長說 左傳有三非多不合於聖人之道

城姚氏謂僞人廢之附益非復昭明諸注之舊其說然否 漢高祖斬丁公論

咸陽行書謝 揚子法言或問近世社稷之臣子雲以張子陳平絳侯勃霍光當

擬之又曰語以公孫弘有謂社稷之臣之夫夫三代而下周少完人豈身係天下安危

讀史不讀書說 讀書論世當友古人盍揚榷而陳之以見所學

二重題 朱學子游 庾嶺憶梅賦以南枝已放北枝方開為韻 賦得天將江南

珀石寶冕以宗字為韻五言八韻 鍾題目

讀昌黎律詩竟 巳刻雨雪雜霏寒甚

十四日乙丑辛卯

接二兄初七初八兩次手書又二兄前月二十二日信囑惠種種計不接鎮信幾半月矣

早到店順至西宅歸來午飯後至丁府問疾過李府 地滑難行陰冷

十五日壬辰

大伯母壽辰早起來祝 寫復鎮函交局寄去（外書四本） 午前過李府有事

內人身已覺不適至夜子正一點鐘時生一男已呈明日丑刻矣 小孩落地聲甚洪亮

此夜未睡五更後盤膝靜坐 黎明時起 昨夜覺冷風甚大月明如玉

十六日癸巳

早到店稟父親安 東至李府 大哥至閩中報名恩科之說 晴明

十七日甲午

饒謙謙文至早與大兄同至德興茶 途遇南屏未謝鶴誼 夜在店書帳簿數十本

興化船來料理乃輝歸裝 爲李書信寄託乃輝帶去 北風清冷

十八日乙未　十九日丙申　二十日丁酉　二十一日戊戌　廿二日己亥

三日洗兒　父親伯父大兄楚第清玉　李子之來　又偕三嫂皆來　命兒名曰魁官

早送乃傅第登舟又送三姨丈登舟東北風甚緊　祥所函來語　晴而冷

昨接之兄來信抄錄　上諭一道明年確有恩科

寫大字數十筆陳酒呵　早接二兄及三兄來信即作復函寄去

霓臣招飲　午後過霓臣　早至日光　傅午歸館

母親壽辰日本過慕茶祝　諸生放學　李姨母至　霓臣過我閑話

晴和

閱造學兩本　心蘭過抄　晴而風

早過李府　祝中甫壽　到店接兄來函及澤昌來函三兄桂十一日函

附王阿船來場早晚可到家快極　聯甫後以甲甫因過我暢談至

晚去　福弟往盈送江舟　過四蘭少叙　伍以書報歸假來

春之寒至人不卒　朗晴

廿二日庚子

二伯父午刻至薄暮送至渡口遂扶登舟不意舟子遽拔篙而起伯

父未入舟而足已墜河矣幸旁有木棚攀緣上岸袍褂衣盡溼歸來歎

飲薑湯數碗蒙被而臥腹中幸無恙　無風而晴　祀竈　祭五科公

廿三日辛丑

早起覺腕膝間隱隱作痛殆昨日餘波　巳刻東行過李府達值祭師了

午後沐浴汗出而痛愈　陰有風　探斷為過秋

廿四日壬寅

三兄到家暢談半日之　王船石舟叢甫來書付本　與王三哥至丁府問疾復過李

十二日癸卯

十三日甲辰

十四日乙巳

學堂罷　佩蘅過 兩未晤　偕三兄同過霓臣　蔚如過 暢談 樓去 匯學一

麥　晴和 晚作寄三兄信　論永子才文五十篇 閱向錢竹家　申甫來

早將昨信發去　黃公夫人四十壽 永業公送萬名牌 三兄去　讀素文

一宿　霽臣遣僕來取去註疏錦集等　晴

儀民早過 承偕過業如晤 及恭甫瑩邊諸翁　曾祖妣諱辰 敬祀如禮

端後 午飯 飯罷同尋雅甫不值 即過申甫小坐　東北風頗冷

早接二兄曾發來手信 初十五日信 已收到 附下新時憲書二本

竟日剃過我　霓臣遣紀送來三次書 院考子　剃頭

天氣晴冷

廿九日丙午 除夕

閱奏文一匣 清理雜事午後畢 楊二來少坐即去 晚祀神祭祖設

與三兄往各尊長家辭歲 東北風甚冷

將就齋日記

己丑　庚寅　三月至初七　閏[illegible]月[illegible]夜

光緒十五、六年

第二冊

己丑正月建丙寅初一日丁未

寅初接祀神 詣祖堂行禮 至各大人前叩頭 偕崇如兄往諸戚友家賀歲 在居午飯 順過西宅晤及宪臣 蔚如午前來 風日晴和天光明朗大有豐年之象

初二日戊申

祝中甫畢俊民偕來 晚與三兄邀濟世道人臨壇問今科得失云在壇中者有婦人焉左右手乃丁師孫墨樓也 晴北風 閱來文十首館稿五篇

初三日己酉

二伯父午後至 隨三兄補賀東街數家 過李府小坐 陰有風雨寒

初四日庚戌 立春

有司迎春於東郊 李姑壽辰往祝 午後偕三哥梓卿至社稷壇閒步壇在迎春門外正屋三楹旁一楹更衣之所前有二石一祭天一祭地也當日係建者爲王公玉成殘碑剝蝕可認祥興黃靈字一幅即其手筆計更寒暑百年矣寺僧護持尚爲完整 晴和 父親來家

初五日辛亥

到店早餐 發鎮江賀函 三兄擕元官函 暖日烘窗晴光可愛

初六日壬子

接興化丹東即作復緘交舟帶去 申甫俊民同過予 午後偕至蘭香

聽説書 晴朗 鎮石有來信年急七月信云一縻事已借

初柒日癸丑 人日

早過宗多便過心蘭 過徐健庵 過虎臣未晤 陳府遣來雜子等

讀仲尼弟子列傳向錢業家 作鎮信一封

初八日甲寅

與三兄及嚴拓湖茶話 至丁師家祝壽 仍晴

初九日乙卯

三兄約同丁師茶聚 至杜海鷗家〻〻蒻 留三兄盤桓一日

初十日丙辰

早擬與三兄仁卿俊民以聚後因三哥腹痛而罷　午刻微雨襍雪珠

靜坐半日　俊民贈寄印石二事

十一日丁巳

讀三國志十首　閱蘇詩　接鎮信知租界於初六晚法教堂領事衙門等處被人焚毀聞係洋巡捕毆傷華人所致　視三兄恙已愈其九避風在家

過小蘭不值　午後到李府復西川至后歸時月色滿街漸有上元景象

十二日戊午

五弟西行視三兄至晚歸　讀後漢方伎列傳　午刻剃頭

閱時文隔膜不入　晴和月光如水

十三日己未

巳刻至右便至杜家求薌少許 寬臣遣伻送來跟鎖一件其魁即作長生

壽標言寬臣於昨日偕蔚如北征 誦聖主得賢臣頌 讀遊民列傳

看保駕還風帽其仁卿 晚飯後同弟步月至橋頭聽河干唱曲

楚卿晚來 沈藺姚府寄到湘蓮各件 當寫復信寄去

十四日庚申

讀蘇詩二百餘首 閱困學紀聞數則 誦哀江南賦一遍 連日晴和青陽已

暢晚步巷口見有放風箏者 三兄命弟來約明日飲湯圓并拈單四

陳五諸君子 四教以文為先由博而約四科以文為後由本而末

十五日辛酉 上元节

早起占牙牌數一条，卜今年豐歉，辭曰：胯下王孫少見輕，登壇還使一軍驚。魚龍變化原無定，時至風雷足下生。往西宅踐昨約，坐有一蘭崇甫復民鑑纓揭話。巳刻同登泰山，一路香車寶馬，游目騁懷，信可樂也。過陳白石江作霖於西宅樓小坐茗談。逢瞎陳四先生携榼策乘白驢，識所謂老子興復不淺。游石霞宮東寮，有楊公碑一，是乾隆時主之軍政平常。李府招飲未去，在杏林宅午飯，酉刻歸來，倦於行矣。天氣晴暖，殘雪脫去，一年寒在，晚來月光可愛，張步至街頭看燈。三兄晚過李少坐即去

十六日壬戌

魁官彌月陳府送來花帽錦兜　八祖母由西至　鎮江寄到十日信知洋街滋鬧業已平靜　大風晴而不煖

十七日癸亥

福君慈巷南人家失慎不能救熄　過西宅未見崇如云已至李府矣　晚因受涼少腹脹痛服薑湯不愈殆有肝氣襍乎其中早睡養神

十八日甲子

父親來家旋至李府　腹痛稍減午後偕崇如兄過俊民診脈　店內邀丁師晚飯往陪子臣姑母寒月廿龍人　寫大字二十腕力不足

十九日乙丑　雨水

三兄往鄉玉文人家拜年　坐船去　過陳瑞西閒談　知舊年為作超進冀此花之文取超等第一　原評云同一借賓定主　此卷獨見道淨　提比開合生動　中二經術湛深　不汲汲於持滿而發　以細手和其澀　讀書人吐屬　通篇探原　尤見精神

檢理舊文　晴和

二十日丙寅

二兄滙來手書并門斗來信　早到店晤及孫師　過梁如春鄉未歸

二十一日丁卯

清坐一日　內子午後寒熱驟發　不識何由　母親在來亦吐瀉交作　大抵寒溫

為雨　晴暘西風　閱困學紀聞三頁

二十二日戊辰

至鄭灼茶偕業如去至有鄰之文　過李府吉齋前目抵家因咳嗽避風三日

母親及內人同邀彩卿診　陰雨

二十三日己巳

母親服藥已愈　內子見熱亦減　惟汗多復咳咽門作痛　擬卿留方　郁留上焦

仍以舊散法　巳刻過李府　便過俊民　陰雨寒　大元兄約來午飯

二十四日庚午

俊民早來閒談　假去經世文編續集一套　述學二本　三哥茶漢五

屬五弟為青雲買賦來稿江箋紙四幅以一幅請孙師作小書焉二月中贈仁

卿壓未去閑也　上燈時卿甫來診　母親服健脾和胃藥　内人接昨方加減

早晴下午微雨至夜未止　燈下作寄鎮信一緘寄兵信一緘

廿五日辛未

昨兩信均交孟人帶去　大三兄及元祥門三姪消來午飯　内人表胛已解而汗多

仍邀卿甫診用清暑法　曉起雨三次頗涼未能晤　閱讀汪曼文稿千

頁

廿六日壬申

早約孫師心蘭崇多至新式園茶叙　茶後與心蘭同過崇多　心蘭代第作桃葉

渡詩結句云渡江舟楫安排定從此無心寫洛神 亞徵風雅 家三伯母六十壽
午刻往祝 偕三兄過吉齋飯酒 崇如今日晚舟往送之帶去讀經世文編
十本又三場備要四本 趕王三船 大伯母同行至鎮 乃輝弟酉刻由興至
閱圖書集成目錄 計六彙編卅二典 六千一百○九部 共一萬卷洵洋洋大觀也 戌刻雨

廿七日癸酉

發鎮信 臧文昌使 早到店 擇四千二百六十七報 閱經世文編四卷 倭艮峰先生遺書
日記二十一則內云知其不可為而為之滿腔惻隱之心也不問世道人心如何這一副其人為甚熱
腸熱冷不得無堅忍之力視聽持明且游移無據更莫論當大事臨大節 識者斯言
文正公聖哲畫像記尤為不朽之作 西風甚寒 蔣卿來訪

廿八日甲戌

閱經世文一卷　午後至店見二十日報　聞東吾師課題呈君舅之目亦有前無惡於賭矣

託陳瑞西書寄泥水匠　早起颳風甚冷西北風大作

廿九日乙亥

舉弟早來　柘湖過訪　閱經世文一卷治體門　飯後西行至查宅便過心蘭

暢話至暮偕行及觀音堂而別　聞厲如生子之喜　晴風

三十日丙子

今日開學六弟早至　吉齋過訪　閱檀山福四本　卿雲來診

晴雨風午刻剃頭　夜微雨

二月建丁卯初一日丁丑

早起奉嚴命詣城隍廟行禮　屬〻弟玉凌云館謄筆　閱困學紀聞歷數類官之方中公劉之詩皆擇地之法也作舟經文未嘗無本　吉齋申刻至檢字典八凡鳥羽也昨日蔣卿方用此語　俊民過予閒話時已放學遂偕步至玉峯撫北湖去　路遇心蘭述月川近作其一龍一豬試帖句云先生諸葛卧兒輩白家升懸蹬門宗李白入壁詩楊朱工穩中獨見新穎　曉有細雨濛濛午後轉晴

初二日戊寅

發鎮信一椷　吳芍孫來約茶　吉齋晚至留飲亥刻去　點讀文七頁

閲述而注疏讀時文一篇　晴暖

初三日己卯

點說文力部起覃部止四部列盅盉二字可知飲食之有節爵祿之爵似當作爵為正文　點注騷玉膏從事於斯矣句止　誦韞山犢山時文　午後謁印師假隸卿會墨辨字談及伍子河南闈墨良佳　過心蘭借來曹寅谷稿

晴甚暖改著袷袍　燈下與楚明兩弟講孟子

初四日庚辰　驚蟄

吉齋早過我　閲寅谷集一本　端西擕來箋幅楷法工整之至　屬弟玉心蘭舅取來二月日記寫之件　飯後到店　晚過俊民　晴暖

初五日辛巳

早到店請父親安　毅式如來午刻回拜　在李府飯共吉齋小泉至晚始歸　瑞西送來元魁墨粹并託購書　閱寅谷集七本　晴暖

初六日壬午

託復氏隸篆字四幅　接亮兄信知大伯母三兄於初一日抵鎮　昨東樓來信詢觀風題解　偕吉齋雇舟定高尚大船　由店至杏宅便過心蘭　下午至李府晚至店共亮兄同回　閱花八會報　晴南風甚暖

初七日癸未

早刻登舟同舟者張詠夫李吉齋易樓蓀郭　舟至三昧寺上岸告别

父親午刻與吉齋對弈互有勝負晚復挑燈而戰　閱宋史兩頁

泊漆潭計去東台六十里早南風下午轉東北風巳刻微雨　晚飯後聞簫

鼓聲自遠而近既而燈會滿岸上過錦衣排衙約六七人每作騎馬勢大約

演文姬歸漢諸齣村風景頗有娛目

初八日甲申

由漆潭開舟至楊家莊停泊時東北風過大前路多岐張帆不易因就宿

宿宿華　晝夜毛雨夜分漸瀟瀟聲風狂撼虎嘯人云船底江聲逢背

兩旅人聽得自夜至明　閱經世文五篇

初九日乙酉

曉起冷不可當，滴水成凍，幸帶羊皮褂，否則歸寒矣。假吉先生褲一着，兩膝暖意處處，而雪珠。午刻過廣福橋，水淺難行，與吉齋登岸，稍復土氣。橋旁設捐卡，有鄉人船帶竹數捆，已報過捐卡，人誤為能補繳路費老爷，而卡中人猶未肯已，喚地保押鄉人而去。同舟郭先生往為説項，未了。與吉齋象棋賭詩，未能得手。下午聞雷電光閃鑠。晚住邵陵。

初十日丙戌

辰刻開行，午初過仙女鎮，西北風毛雨，冷甚。申刻抵六閘，風勢益狂，前船先行幾翻石礁，同舟俱為戒心，遂下椗停泊。薄暮雪花漫天而下，夜分風浪之聲大作，不能成寐。與吉齋共榻，連日菜羹蔬食，腸胃頗覺廓清。

十一日丁亥

茶後抵揚州船泊東關書齋上岸居亭 郭先生別去 午刻剃頭 陰寒

十二日戊子

上午渡江風平浪靜 候桃大縣行李送至謙和祥 見二兄暨孫話別 惆午後隨二兄至雍龍池沐浴晤姚哲之張小臣 晚至任蓉至丰恒記兩寓 宿二兄店內 發家書一封 寄揚州由書轉柳表雲聯 吳壽山由君家信託趙壽芹帶場

十三日己丑

早與二兄潤園茶進城過劉四六兩先生寓 過書齋不值 偕三兄謁潘霽翁不值 路過興善菴小憩 住持濟南師 大閘口過山閣楷表伯

三語移晷 移寓泰来 吉齋過寄退来舟賓 亮晚飯時至

十四日庚寅

蘭堦先生約茶坐 有吉齋 代人購康熙字典乙部六本 在寓午飯

飯後進城過棠如晴及吉齋所借玉照學會潘五先生歸點 撥謙和祥

在寓晚飯 尹子来仝寓其六嚴孔鄉留頗爲直爽 晴和

十五日辛卯

賈之表伯約茶坐兄蘭階吳溪之兩先生 孝伯至 奉先同購小推圖一部

偕吉齋過吳溪角 在鄒府午飯 申刻過〻兄日晴幽事聯步江邊便至機

器局一觀運動會活具見匠心 歸時月上矣 誦和祥留晚飯 晴暖

十六日壬辰

上午過二兄少坐，未刻二兄來城，約合戴、潘、劉、徐四人在雁鳴園午飯

飯後過江，遂過趙壽卿、潘叔由返寺。二兄晚飯後去，在寓晚飯

十七日癸巳

早至二兄寓，偕見君二齋，進城，隨六舅兄往謁唐老師，詢悉丹陽兩營

師未至，陸鼓樓同望江山之勝，出城頭，攏華師黃孫功由寓小坐，在

刻府飯，飯後出城，二兄留飯，九點回寓

十八日甲午

與吉兄、二兄至涵園茶叙，讀晉書院甄别長友文題讀者三，樂至樂聽水詩題

合英唱華仍合字作一書在鄧府午飯謙和祥晚館月下閒步江口

十九日乙未

進城見老師未著過劉府午飯治剃頭 在謙和祥晚館

二十日丙申

早進城見沈閬雨學師 既過張江門斗 過三兄少坐 出城赴鄧府約照良霓良兄

李吉齋諸人主人留鄧沛青 嬉甚東風申刻微雨 在謙和祥晚飯冒雨回

寓 吉齋擬明日回場

二十一日丁酉

北風大作雨止 移寓進城下榻劉府 午飯偕三兄過潘五先生縣學梅花盛開

派保三十五人續派未定 遂晤程範卿 過徐功甫閒談

二十二日戊戌

早約範卿茶話 三兄同往 茶後偕過景龍湖 訪韓巨川未遇 範卿午後過李子銘 今日到館往拜 過徐功甫閒談 晴暖 範卿偕丹昌買梅福海棠坊

二十三日己亥

在警衙師爺候押共來十餘人 閱縣侍臣宿重本 三兄拉往北城一遊 四母舅招飲外共九人 補孝濂派及撫派共六名 晚北風大作

二十四日庚子

早過範卿 便見學師 四舅氏約茶 補事考詰清楚 謁姜子澄

暢話　逢勝筠臣川　與二兄同登光風霽月亭．晚擬至青溪信稿　頗冷

二十五日辛丑

早至崇如福園茶　過瑞和祥夕憩　晴風　丹陽王重臣偕余顧過雨點恥王臣恥

二十六日壬寅

出城見二兄暢話　下午進城聽劉白庚

廿七日癸卯

六舅氏約茶　從縣發案　郭應興第一　下午隨六舅氏赴南郭至張子湖小坐

過高等書院　晚破語吳南霞先生

廿八日甲辰　出城住

廿日乙巳

四舅氏留京　大風未能渡江　在本宅閒坐　由江西帶來蕭作两包

購鳳洲綱鑑一部

二月建丁卯初一日丙午

偕元坐課船至揚州時已薄暮毛雨富德新棧 早在鶴鳴園小聚

初二日丁未

唐四先生約茶 午後游天甯寺兼謁史公祠過香影廊小憩 擬在濟堂購小鹿膏

初三日戊申

辰正坐車到仙女鎮雇小座二舟 午後開船晚泊江廣福橋東南風

初四日己酉

由廣福橋開行 下午至元寄居風逆難行 閱小青閣小青一所小青一本 聊以消遣

初五日庚戌 清明

東南風晚轉東北計行百二十里戌刻到家 晚飯留與六、一哥西江池沐浴 晴冷

初六日辛亥

早隨二兄到店即過西宅 午後過李府 東台縣試文題紫至緇衣案元呂炳南

初七日壬子

午刻至店下午過李府吉齋晚舟往興、看金送蘭石至丁師處 西風

初八日癸丑

屛翁偕同大二兄茶聚 至王家巷晤湯少甫云及虎臣蔚如復試皆列一等

謁丁師便過復民 午後過陳瑞甫 點龍文木部 東北風雨冰襍雪

初九日甲寅

早隨伯父及二兄五弟至如意館茶話 復興化信一緘 謁孫師 寫小字一百 點說

文禾部 權黃華木也一名反常 舉人複試題君子有若人之句 陰冷

初十日乙卯

大伯父壽辰 大兄攜元祥明三官來 點說文至頁部止 點論注疏至禹吾無間然矣

閱綱鑑五頁 六朝文五頁 晚讀管稿一篇 過仁甫不值

十一日丙辰

閱綱鑑五頁 讀時文數首 子久送稿來少坐 發鎮信一緘 致金如

十二日丁巳

後民過我 談及驊甫前日家書至 復試列二等 點讀經世文編一本

十三日戊午

先祖母生忌，敬祀如禮。佰仁午刻過我，携孫師玨作來，並述其縣試三場文甚覺得意。下午與二哥同至縣署看三場案，流鳴鳳第一。途晤王子齊、祝子鴻。過俊民閒談，其徒吴小作紙鳶詩云：儘憑個思巧，不待羽毛豐。其心思亦云巧矣。過李府少坐。晚飯後檢點各事畢，家人將寢矣，二兄偶從天井過，窺見茶房火光熊熊，不可嚮邇，大驚呼救，於是弟子諸弟子及群僕擡桶背挈桶，竭力噴灑，計一點鐘其燄始殺。設非隣咸集，水龍復未遲灑，屋宇幸獲熄滅，危乎危乎，是殆鬼神所以大戒乎。家中殷不痛自儆省，以識既往，而警將來。事後細查起火之由，不得其故，冥冥中當必有主之者耳。徐小者不知何許人，火時聞警叩門，竭力澆救，不作一聲，滅後又復遲遲而去，亦德之又甚異

之

王蓮民、趙壽卿、譚洞之諸君皆夜來 通宵未臥 是月無風

十四日己未

孫師、丁師楚之留殷勤外，王星齋、張非郁來問慰 早刻謝唁 昨夜之祥出復來函

詣之洞無首無尾，仿佛山胡蘆中漢書，令人不甚了了，觀其形是大約是因宗尽謝耳

陰雨 父親在家，日晚到店

十五日庚申

孫子年攸丞因陳外師著言轉謝，并不能儀聘，以將來不得有其道，伊姬能無去 陰雨

十六日辛酉

早至居見福片，日中韶載傅試考官李鴻藻、潘祖蔭、壽恒、小亭閣 閱經史篇 不雨

十七日壬戌

早與大兄二兄楚翁迎春園ゝ茶聚便過象三房　午刻往東會嚴ゝ先生　四場縣案陳鑑第一　會試首場題子曰行夏之時四句　取人以身二句　子不通功易事至皆得食於子

詩題馬飲春泉踏淺沙得沙字　十一日報載泉口救生船黑夜碰翻洋划一隻又法領事索賠二百餘洋　下午同ゝ兄謁丁師不值遇李府ゝ上燈時回　淡晴微暖

十八日癸亥

子久午刻至今日縣試總覆作起講四個題為巍ゝ乎蕩ゝ乎郁ゝ乎堂ゝ乎

十九日甲子

西風微雨　日星南月川過我并攜來虎臣由都所發來信函　夜半雨聲甚急

二十日乙丑

吉齋昨晚由興回 午刻往候 留飯 下午便謁丁師 二伯父來 晴 沐浴

二十一日丙寅

晨至吳帝宮行禮 書院甄別文題孟子曰養心一章 詩題吏部文章日月光 作一首

陳瑞翁晚至 俊民茶後踐同過申甫 晴暖

二十二日丁卯

吉齋約茶 坐呂胡居王乃大二兩光 東至李府問姊母疾 過筠山丈 下午詣弘師至

迎春園以聚 過心蘭 晴 及月川 大風

二十三日戊辰

巳正到店午刻過李府午後歸　晤康頌文　復民送程孝女徵詩冊來

二十四日己巳

武童縣試先於北郊馳馬早脩二首程閱　寅見西南火光直上急行回寓詢之

知因墮某慎計焚十餘家一七十餘老嫗一三月幼孩斃焉　午後至店見三兄由鎮

寄來本月十七日信同文稿二首書院作也　讀劍南詩一卅卷　甚燠換夾衫

曲石[illegible]達

六月建辛未 十一日乙酉

倣民早來敘闊竟日 為余擬方仿三仁湯法 鈔昔文一首 題陳孝女徵詩冊

集詩經句云彼美人兮邦家之光瞻望毋兮壽考不忘母也天只乃生女子女子

有行禮則然矣伐柯如何之之匪母何恃莫知其他亦有兄弟不能四方皆是從人

曷其有常永以匪石敬報之德無忝爾所生夙興夜寐之並室吁嗟女兮永言孝思彤

管有煒 天子葵之

十二日丙戌

抄時文 瑞西午後過余冬季課卷共呈審評云樹骨典訓篤雅君五郎詩叶

晴暖 點通考序

十三日丁亥

閱山海經一本　瑞西重來論文　熱悶無風至夜尤甚不能安枕

十四日戊子

五點鐘寓熱氣逼迫而起時朝暑猶未上也　抄文三首　晒書

以甫過我暢談，我近作天下名道之同文法無經籍之光移荷花下共飲百合茶。樓去清嘉集三篇臨川堅訂舊文之約閱陳晃放翁年表差　瑞西遣仟送來課題子育泖人二章（闇）　北風甚涼泠然若也

十五日己丑

約殿摘茶敘　尚鎮信一緘附寄棠如經籍纂詁　晚刻虎臣招飲坐有月

川心蘭蔚如　月食　憶余江千先生詩云自滿官初招外侮覆亡原忘太平

明儀世溪心流露言表　閱東華錄一本　晚涼

十六日庚寅

抄時文二篇　晚謁丁師

十七日辛卯

早往李府句留一日　俊民申甫過予　觀黃文節公寫梨花詩筆勢秀勁愛不忍釋　閱黃河沿革源流考　二兄壽來午時茶二盒并信

十八日壬辰

俊民招至品陸園小聚　作子貢問曰鄉人兩章文一首以桑爲均試帖一首

十九日癸巳

午刻往李府飯後便過復氏閒話 占今科休咎兄弟皆得家人之四爻

微雨頗涼

二十日甲午

冕臣過我携去清嘉集四本 馬小弟往冕臣處借來舊年闈墨并題名錄

晚過星南晤談携來東華錄乾隆朝六本 寒濕為病服午時茶未愈

叔師遣宮保送來會墨 轉覆 晚有雷電

二十一日乙未

夜來頗熱 晝起痰涎異常口生清水服胃苓丸 不甚飲食 閱東華錄一本

二十二日丙申

就楊楚之診，以香砂胃苓法服二帖，較愈。

二十三日丁酉

先祖考週忌。李姑母來。以蘭為其弟送來漢書三卷，携去漢書一本、多心經、參同契、黃庭經，皆墨蹟。王益卿作古，風流云逝。仍服昨方。

二十四日戊戌

閱北山、中山二經，觀易學啓蒙，抄文一篇。俊民過，豸携示近作。往李府視壽。過楚之復方。中庭間立，見一雛燕為貓所撲，僵在地，意其斃矣。占易得屯之四爻，六四應初九，一陽居下，尚有生意。爰亟命家奴援之，以手送至巷口，忽翩然飛去，群

並盤旋左右若翼〻使〻者得其所哉得其所哉 戴鄂姊自安豐來 早刻微雨

興化來信一函并件復臧文原舟寄去 内附復東沈汪信件

廿五日乙亥

往請戴姊茶不果 閱湖小發送張壽一丈二尺長壽 改詩 午後謁丁師晤及

後氏 接鎮信兩封並一宗一并文一篇 疏雨微涼

二十六日庚子 大暑

復鎮信交局寄去 閱中山海外山語 閱丹徒老師唐公作古擬輓聯云

桐葉悵飄零棲鳳當枝無福消受相見禮樽河宏樂育騰驚遺世

至今爭頌老成人

二十七日辛丑

抄文八篇　晴暖　正是伏中天气

七月十二日立秋 二十日甲子

晚刻登舟次早開行 二十七日辛未抵石埠橋東風忽發帆不能張小住三日

二十九日癸酉

夕陽西下與崇廿登燕子磯閣眺相傳磯是邊水神為裘文達公日修

八月初一日甲戌

早抵南京省城寓石將軍巷同居者丁李左盧洪之子

初八日辛巳

辰初第五起進庭點入場坐制字號崇廿坐政字相隔不數武爭號甚

遲至更頭題紙下李看三四句 明乎郊社之禮二句 天下之達道洪侯亞述所晚也

恩 恩

請題江西秋影圖初九日旧秋字為三首八韻

初九日壬午

薄暮三更成並獨酌卷膝畢已三鼓矣作詩一首書之而睡

初十日癸未

育院居門甚遲接李題號舍壁云　義畫詳開渾沌天物香鬼神

木犀禪春風風雨雲龍會身在龍爬雨露邊掩負不甘隨庄小文章

翻歐揭道先聞

莫作編

都郡惠殿勤十四蒔

十一日甲申

坐操字對號迫狹之至幸對坐無人遂移置風爐茗碗於其中

十二日乙酉

丑刻五經題派下　剛柔者晝夜之象也　徧於羣神　其蔌維何維筍及蒲

晉侯伐鄭　命大師陳詩以觀民風

十三日丙戌

辰刻出場　明遠樓下貼有首場題稿一篇言是東江相國以十五齡童子作

十四日丁亥

坐平江府川字號　三兒坐靜字號亦平江府也

十五日戊子 中秋

第一問經學 第二問史學異同 第三問六書 第四問碑版 第五問算學

旨吳三兄同移硯非一蘭硯酉三人共話至三更始眠 月色夜分尤

佳得句云 燈火樓台鼎一醺 弟兄朋友濟三人

十六日己丑

午後出場同寓諸公皆有行色矣

十七日庚寅

日既夕騎馬出西門上船時已燈矣 有一蘭同舟

九月九日壬子

昔人九久音通有長久之義故棗糕菊酒以祝遐齡焉 茶後陪研師

心蘭虎臣寀如諸公登秦山 陰雨累日徽旭放晴 一路泥痕滑澾

步省澄南生畏以放山堂舞丞玉子得為東道主剝蟹蓮魚酒肴禮道

殊足樂也 謁三賢祠 下午坐船歸 在虎臣家晚飯 請丙典一時之久

坐呂可蘭寀如 乘月陟廣濟橋四望 心蘭等謂我曹以君家月台也

十三日丙辰

接二兄來信并申報已底 早在虎臣處寄拔帆 往李府拜壽 晚回

點閱證書

蜀波分動漏聲遲雲淨無塵月滿時此日同歸桃李處事使人畫士折
秋枝滿道人降高誌　擬宋明遠重陽節試帖二首
佳節明朝是重〻臨表歡狂天教留一日秋君負重陽去酒趁馬呂趁帆夢
馬當家山舉手念風帆幾更長老能書情〻重心旅守恒循祖情漸
試問菊花僧皆曰卯　杜陵憐紅色接名遊滕場題詩煙檢點莫便作劉
郎　今年鄉試過鎮時在第一樓茶歸〻如〻自鎮醉歸錫著
老伯壓玉迎春樓小聚指東日大哥〻一切在望無不巧合得一聯云
往來皆第一南北總迎春

病寒涯看六日通鑑 國朝先正事畧一過 慕陽湖孫先生之為人 爰改
字潤如焉 點通鑑乙本 計六卷 劉畢子生而有文在手曰劉畢子其叔虞
季友曾惠夫人以先輝映 鄭以祊易許田巡狩述職俱廢矣
周穆王時呂為犇戎生補實王命為之康虞是為晉先年 畢之異稱
國語云西方之書曰懷其為實疾大事 蜀杜光庭有墉城集仙錄多言
神仙事遇石仲 歸來稍有所著述 可題為續墉城集
穀梁傳言孫良父禿 晉郤克眇 衛孫林父亦跛 曹公子手僂同時聘
於齊 天下殘疾聚之一堂 婦人之笑亦有自也
十四日丁巳

點通鑑一卷至周赧王止　從實甫處假來蒼膳堂文集兩本

遠青琴外送小照一鏡中留可謂今年閒中試帖名句

閒詞震似集已卒　少芝兄寄來申報三紙內載總理衙門覆奏

遵籌鐵路摺稿頗詳晰　晝禁師在店內宿往陪晚飯孫師宜在座

謝一之御史巡視南漕阻風不得禱於神得濟至今京人猶呼謝颺

十五日戊午

維九月戊午越四日壬戌龍光爭群賢集斗騫揮耀筆華出頭地無

不吉恭喜。

十六日己未

三兄約往東四李府畢化民五節山表丈諸處飯後同至徐鍾庵陳以蘭

處覓臣　吃螃蟹三枚

十七日庚申

廿五日戊辰

吳常如過覓臣談論竟日　下午偕以蘭訪毋洲君過月川不遇

廿六日己巳

往王府祝壽閱鳴鏡波蘿雋四月　百之語竟應斯人科名目數於斯矣

晃招以蘭午飯藉酒遣懷　下午閱東華中武岡四一副之信　吕子沅　周應玉　潘樹華

偕居晚飯 丁師與二兄圍棋從旁觀陣 狂風暴雨良久始止

廿二日庚午

孫師玉留飯閒話 兄因事到通商 下午與二兄閒步稍下 點曹文正大事

記十二本 二兄出門

廿三日辛未

點紫宸錄一本 兄因招飲同孫師似月蔚然君子

十月初一日

憲臣邀學堂吃飯 飯後與崇如同過憲臣一蘭蔚如諸處

城隍神出巡 奉 旨利孫 閱東三省邊防議 寄鎮信 璦城信各一

初二日

過復民攜回王臣山處各七本 午後過憲臣所聽范表彈琴

借來吾家老子曰吳騎文一卷共八本 點通鑑輯覽第三本畢

官課題 天下國家可均也三句 吳葉山川 試帖晚秋登眺作

吳頌孫來 書聯托寫 寄鎮信第二號

初三日

早起擬卷擬策武文一首 記陽面事 其吳臣論學對記不可磨

陸寬爲借來思辨錄二本 二更午前已來 閱吳勝文二篇

點通鑑十頁 閱桴亭先生思辨錄卷一終 吳三樵士寄聯

夜夢問子壽青雲二字示我 硯池餘墨未乾 得對一聯 醒時以憶

其下句云 草語初濃墨難晴 工句不可復得矣

初四日

晨起洒掃畢 茶 閱思辨錄卷之二 邀樹師寬臣先午飯

晚閱思辨錄江平類一本 家中請客 至晚雨勢甚大 車輛珍、

散去

初五日

三兄來此聚一日。閱思辨錄二本，有正味齋駢文壹本，點鐵三

夏。三兄帶往鎮江。光正象賢文獻涵青研香集

初六日

殷公寄文百。三兄午後去

初七日

鄉居何同寂如石闌茶話，適鄉居看視周星元，作書自笑年從

好老手真不愧虞英弁冕也。以次多居秋霜，穆穆風氣漸轉。夜

寅掃脏空不少矣。鄉居留飯。三兄晚舟開，上借常住饒上

擬詩題二十个

初八日

點通鑑三十八頁 改明遠文兩首 子久文一篇 尚未點 子鏞時藝 未送

來東谷雅兩瓶龍眼肉一包 云二元 收寄

初九日

東坡來信 汪十太太移本月初十日作壽 庚申 鄭兄取楊子文去

點通鑑初五十頁起 元帝二年止光武六年 後民過齋借去前漢書三

本日讀孜昨日山長課題 不與知無二句 十月 孫嬌

改牛常寒鵝過別村詩一首

初十日壬午

培叔於昨日亥刻辭世　清晨聞信馳往歷視　一切身後諸事寔無可着　衣衾棺槨頗費周章　晚刻回　途遇和甫略談數語而别

十一日癸未

早往吾林巷晤及吾齋　培叔未初入殮　午飯後頌彬老伯至　下午偕吾齋回寓　畢俊民來未晤　燈下點通鑑十五頁　發鎮信第号　復鹽城信交合順帶去　傳子卜年云陳季青全書於今午儒逝　明日申時入殮

十二日甲申

丁師送我借書困學紀聞六本 點通鑑二本 吉齋送來喝飯

午後至陳府候駿 酉刻過吉齋觀其日記中有贈人六十壽詩頗足解頤

十三日乙酉

午初由店往杏林巷飯後始回 母親明日往興化五弟及明弟隨去

為明弟點定功過課單 子久肯來改文二篇 日晷漸短飯後須臾即暮矣

十四日丙戌

辰初送母親及兩弟登舟 吉齋至 改子久文一首屬六弟交屏甫手

未正一刻過復民同謁夕陽時同往城南看菊江紫蘭珊花雖已萎矣

過時不賞殊無慨然　點通鑑至桓帝止　晴冷北風

十五日丁亥

巳正閣過祀午刻去送至渡口　吉齋來留飯下晚去　雁臣晚過我冒

雨而去　點通鑑二十頁　寄鎮信一封　夜初睡　小衛失慎

十六日戊子

卯正起點通鑑十頁　店中招嚴頌文孫師張四喜首早餐往陪

過陽西來晤　還四書里辨錄二本重假一本　書院課題廷女以宮子

玉非也　玉衡指孟子　閱昨日滬報河有女自安　刴頭者爲了其爲云

陸二自與函云母親十下於曹安植與代

十七日己丑

卯正起盥漱畢構文逾時成至巳正完寒甚至晚后雪每於午

借來顧詩七本構思詩終已正　伯民午後至閒話申正去

借王漁洋詩三本　墨點通鑑二十頁

晉泰始十年作河橋為近世浮橋之始

十八日庚寅

寅正起與下同至書林巷送四妹葬在北關橋下半里許壬山丙向辰禍

回過居早餐寫與信之書託范舟帶去　母親命帶來代刻之石章十二方

芊致勁老　點通鑑十頁　重裝白清江解玉版紙六函爲四函細餘心
自四張分粘於面以便翻閱　霓石晚過稅合議送陳六賀禮
發東坡信一封內附樊川黃店信件　北風甚冷日來未見北閣樹甚遠
是日饑民數百人鵠形鳩面扶老攜幼而來其氣象甚慘

十九日辛卯

晨起題書賀聯一副攜往霓石處合紙罡付　貴紹送玉隨府
昨借錢星一觀文板不佳而背有根據屬霓石攜去　借霓石往心聞
家賀喜　閱思辨錄於致類誠正類　點通鑑三十頁　午後剃頭
嚮晚頗冷　吾齋早來未晤　閱鐘左十六右十句

二十日壬辰

早接少芝兄十六日發來手書附崇山兄信　李府招往喫野鴨飯八點鐘回　點通鑑二頁　日晨霜如雪早寒午暖　薄冰

二十一日癸巳

晨初刻起屋瓦渚霜　翻憲百六第六勘余上下　點通鑑肯

二十二日甲午

以長課　子述子丟文王之治　時有春日得意字來作

裝訂舊書廿餘本——至晚始竣　點通鑑十六頁　過修民樓來譚病係鏬四本——　李姓母高姓那、皆晚至

二十三日乙未

由鎮寄回今科首卷二場批云大枝林林蜀文浣伐　三場卷子夜書
備蒨台履蹟好似顯迴擋育問天能無犯鬻其二卷是之管於房朱
錢清蔫批云文筆倜儻不羣不受題縛咽之一唱三嘆神傑淵永頭似
蘊山庶幾兩家得意文字次曉嵐嵐之錫雅詩之波
閱順天江浙江西廣東湖北六省闈墨順天最佳次廣東次湖北次
浙江次江南次江西　點通鑑兩頁　書扇兩異携詩寄函　太翁午
臨米閱陳弓禮

二十四日丙申

點鑑十頁　晴和

二十五日丁酉

檢點舊存畫軸字聯等件　寄鎮江信並函附夏棠信　早至店

往賀吳子儁壽　點鑑十六頁　閱宣和錄修齊題畫卷　壽齋

招晚飲坐有吳曾甯及其令郎　孫師西送大哥　晚飯後與吳

君象棋一局　閱申報六帋　和緩之至南風

二十六日戊戌

點鑑十八頁　午刻到店　往書莊午飯　與吉甫兄過孫師

借來陳太僕文句本　吉甫兄招往陪吳曾甯父子晚飯十點

鍾回　陳膺着人來並送晚飯，皆未遇　霄臣來亦不值

晴暖　早閱永嘉棧〻房內孫某云自揚州來，知新郎元方右

赴玉樓〻台果爾則天香才子才人矣

二十七日己亥

點錫十五頁　發奧信一封　閱稽求酒　謁丁師　閱望溪錄完

大兄晚至　虎臣過祝勝〻順天里奎一卷　晴暖

二十八日庚子

早往香宅祝二伯父壽　便過泰和謁孫師未晤　吉齋兄招往午飯

過俊民閒話　吾宗首卷一閱　周嘯溪華生來邀往

縣課文題惠而不知爲政也民未病涉也以風傷手得手字未作
汪頌言兄艘至船泊其旁留之晚飲倉猝無物爲唐六叔料理肴
酒稼云明晨動身堅留不肯十點三刻時送之登舟方出門而步
突見一人隔三五步圍棧門向面傳黑灰短衣窄袖其形可駭急問
何人聽其言語支梧益启心驚而言戰者因叱之去噫時局窮則民
不知恥狗偷鼠竊獲之即斬未竭轉瞬風雪寒冬飢寒
交迫恐恐不可則非敢乃爲趨乃無人可憐而其禍可惧居家者
能無戒心乎　晴暖

二十九日辛丑

閱邸報載 上諭一道 各省議鼎甲其事見奏并歷引乾隆十三年三十年五十六年三次 聖訓 君諭皇皇想見 朝廷明目達聰之盛

點鐙二十頁 閱論語稽求篇一卷 誦陳太僕文數首 過霓臣心蘭書齋午前去 見作冉觀乃公聯句之御和郎山陽道中傳舟櫓閣笛霜天傳惡耗那堪探深腸鳴鐘周等頗妙 心蘭示咏書鄉景句二人二盞漁樵僧

三十日壬寅 陰雪 午後微雨

點鐙十頁 共書八為整頓一日 飯後沐浴

十一月初一日癸卯

點鐙西卅以夏通表江南文一過閱駢文一首　往施家邱上崗　微雨東風漸轉北風

初二日甲辰

李府招往午飯　見屐之瀛理手齊慶諸公所書条幅大半歐派

吾弟由吳寄來信一函因附塤之兩流

初三日乙巳

心之蘭過余述求志書院補行秋季課題　并檢閱公牟其餘從自之存基實各

甬上過宗畧話　初四日丙午　早往店北風砭骨

初五日丁未

東過李府便至種花事　過復民閒話　午後偕古齋到店

過碧雲閣書肆觀棋泰求志書院事程一本列女傳二本　忌

泰州單口碑巷文錄上下二冊三戒作主頗多附會　讀吳都賦悟筆

翁蘇齋之筆印二冊直楊四殿萱楊柏之萱　非菩鐘信一封

初六日戊申

蔣梦華陶陰去為茶話　過古齋及少廷大有午飯　晚剃散　時雪

諸少緣枝餐而去

初七日己酉

晨起到各祝 父親壽 帶領魁官行禮 君爲來拜壽

過曼臣談 借來歷代地理沿革圖一本 萬國史記十本

先正事畧七本 十七史商榷一本 吾遊心蘭

閱商榷序 陳大傑文 及黃梨洲顧亭林湯文正陸清獻四公事畧

初八日庚戌

閱惲子居張惠言方苞姚姬傳先生事畧 檢段注説文脱一頁

閱〻 發真信一本 附方記節 二伯父晚至

初八日 二十六

吉齋同茶香孫師及周子青 作題名楊柚卿一肩菁廊下午

送呈心蘭指政 更為其子孫雲卿壽聯向別甚矣學力淺深非可強

也 竟初二首申指教 未志書院命題

經學 物名初之解 其餘謂同之解 三天人及天之妻解 棣車得車

為一篇二考

史學 周禮賈疏引史記九皇六十四民考 讀律曆志縣山安考

讀舟制考 讀漢書輿服志車制考

掌故 黃孫湯陸學派論 方姚惲張文派論 錢王史學

購段桂鈿叢說文學論

算學題解名家備載

潤年一厫色楊柳賦 以厫色楊柳乃三月之時為韻 一鹿鳴宮商 不限詩均

詠蜀錦機 五言長律十六韻 擬秋胡行七古

曹娥碑龍門路 泗濱浮磬說 原沙厚滋泉 書雨窗敲

燈下寫讀信一封 通視近年秋胡行

初十日壬子

改非賦重謄一稿 俊民還來詩韻五十 評李漢詩三本 為俊民之

新月李漢詩三本 江南閨月生一本 改八節詩二首

心蘭下午過示榻本古文苑四本 檢驪山女没未得 寒月一丸清澈

君卯與心蘭同遊至玉帶橋北而別 吉翁晚過余

與仁來信一封 五弟之筆

十一日癸丑

大兄早約陪吉翁茶過華王廟小憩 閱惠徵君九經古義一卷 萬

國史記一卷古文苑數篇 點曲禮檀弓兩本 復惠坎汪信一封

致西弟信一封 吉齋晚刻來留飯乘月而去 晴不甚冷

十二日甲寅

閱九經古義一卷 點韓隨五頁 又選三頁 閱弟徒陳慶年孫

湘如禪人晚過。閱讀書雜志七頁。晚寒甚。

十三日乙卯

早聞鎮江裕和祥倒閉之信，到店一詢，揚局百六萬之數。巳正周甲來

來貽留遺離騷草木疏二本、寄經解首道。閱汲雅吳人錄二卷、春草亭

號一卷。史記趙世家十四頁。讀續漢書輿服志三頁。下午過心蘭，留飯。

見馮鏡如碑卷。月色甚皎。

十四日庚辰

作致晉陸撫及子敬十首，致樵叔、殷秋帆、少七哥、樵鄰小女設及落舟車

制府。買洋筆一條，換點洋燈甚明，當惟求新，信部了斯云。

十五日辰辛巳

吉齋早至 到唐閘鎮信 于滬通心蘭 借過蔚如

燈下抄求志書院卷 八百餘字 月色黯晦 亥刻就寢

十六日壬午

在唐復具信一封 作鎮信一緘 託錫曾帶至少芝兄 即日由泰

州回通 茶話坐有蔚如心蘭 東乃長有石陽麒麟上樓去歇宿

郵風習習於船局至惡河海海於川涘 遠望自有無寒心聽以

南有丹楊香猶勝於黃葛韻 抄求志書院卷二千餘字 至即日觀

其所購背治通鑑并續通鑑及萬國輿圖在印精良可愛

二函另有 大清會典其律例 諸子平議 諸書亦好

標輿圖云西大州曰最高之山 南亞細亞門原少者利特 計九千四百餘丈

近心蘭上卷 并評其同異 晚西李子齋小酌 異吉之而歸毋

閱俄國史記四頁 晴有風

十七日癸未

到局見二哥來信甚慰 借張景渠衣冠至陳府弔周誼

兩府詩 過李府更衣 過雨生談其信致陳瑞翁代購德觀察

書已寄詳函云矣 豪賭局中何子需取回來 往見白泉 閱會

典則例十一本 晤見丁師 談江康何左都日均若卷

點輯覽十頁 閱大河北記一卷 晴 北風

十八日甲申

雨自辰至午 接少荃兄十五日信 閱五經大義一卷 點輯覽

十頁 母親命予至西單牌樓錢鋪中南面 燈下作覆信並緘後寄

信已緘 晴 初東風

十九日乙酉

送信到局 畢暖 張書留飯 申初初刻去 點輯覽四頁

二十日丙戌

一夜北風 滿地成凍 早謁師 心蘭之初乃云康成注禮頗

引漢制考工巾車氏大有可據傚之讀卷一本說文一本經傳通篇卷一

本周禮注疏一本孫仲頌詒要通吉林卷內書所子

洽不可當

十九日丁亥

風止又凝寒於昨日擬考學舟制未就

二十日戊子

作漢舟制考一篇東至李家往花牌樓書語宋史文云東

台一等梁匠書不老知名之士余沿通於蘭楷四注疏一本偕ゟ二年

燈下檢說文聯字共職字不通聞子宜考廣西第東場

二十二日己丑

作鄭山考一篇據史記如皇之後引漢制之事　晚接三兄信寄

玉附拜師府卷仍日至逢房蒲北五首鄭比蝎逢刷字稍遊記三順安

拾掇旁不知何人　述三弟清理衣館試帖一首

二十三日庚寅

再臣畫達人未取十七史商榷地理沿革諸書以備函館擬題之幫

偶讀周禮賈疏白紙書集張印十子鼓語不知日人何著

盡錄留覽

御纂讀例可里反而亦致民橫漂深明道學

昌黎文

柳州文

寒不燠者，其肩在不能揭揭卻肩若掛砂石。

用功深者，其收名也遠；若皆與世沈浮，不自樹立，雖不為當時所怪，亦必無後世之傳也。

人生少得六七十者，今已三十七矣，長來覺日月益促，歲歲更甚，大都不過數十寒暑，則無此身矣。是非榮辱，又何足道。

二十五日

早過心蘭，觀其車制設。在居前頭。心蘭贈古碑印佳孫四本。

、在吉林卷一日

二十七日

先祖考九十生忌在吉林寓行禮，來客二十餘位。往蔣王廟家增書去。
曉滄蘭公俞氏叢書，曾述聯小兒名。孫卿作論書法男名圖
說文一篇。下午孫卿招至清安局新構別室小坐，甚覺清曠。
閱林之翁云杜小亭文。徐氏送來所著之本，科墨卷七本。
開自來縣。陰，大雪。
二十三日 己巳
芝蘭來函予[illegible]，九章六面氏乃謀去東制專政。孟晚飯去。
開暢過我，言漢魏叢書從目錄價百元，書六十六本。
曲園先生叢書中有其夫人論聯山先母一則，撰刊史館書。

難難百擾噫一日長亦先殘於晤語人求之數日而始得者前人
已於話笑中了之矣著書翻於古人多有只孔
抄求志書院卷五子正一刻始卧

二十六日　庚午

早起補勝朴未完之卷　通共二十四頁　又聚盛月宵去
點通鑑輯覽十頁　閱王光祿高書日稿序　午後與兩弟講留
手書與出一章　補慕廬先生山題文一首　晴冷耳觸微寒殆
凍瘡所作痠　海闊從魚躍　天空任鳥飛　月到天心處　風來
水面時　胸襟氣象自然不凡

二十九日辛未 冬至節 曉有日光午後陰晦有風

案孝經說斗指子為冬至至有三義一者陰極之至二者陽氣始

至三者日行南至故謂之至 淮南子陽生於子故十一月日冬至鵲始加

巢人氣鍾首 臨柳帖四十字 祀先 閱[illegible]孔子孝

十二月初一日壬申　早微雪毛雨無日光

朱臣過我　陳瑞甫由泰州回託帶〻漢魏叢書六函到 計六函本

為書八十六種王謨刻　晚題趙君舒函二百四十餘字

午刻候瑞甫少談到店一走

初二日癸酉　早微雨午刻偶露日光

過張惠將李澤書點天文志十頁　寫蘇詩八首

初三日甲戌　曉霜甚重晴和

過瑞甫及朱臣茶話　東西書肆為作信一封　心蘭過秋并還書

算學通纂一本　子雞賦一本　樸士平山稿文稿

丁師來以花面語　閱韓詩外傳三頁

初四日乙亥　霜重水冰　日出後稍和

早往店　李姊母至　閱三輔黃圖一卷　閱說文木部於楷櫨二字有補前

再斠注所未及

初五日丙子　無霜午後三刻起風日光黯黯

閱說文木部一遍　楥履法也段氏注云今鞋店之楦即此　槎邪斫也段氏云魯

語山不茬蘖茬即槎之字今漢書訛為茬義不通矣　便謁丁師

俊民來未晤　校點漢書半本

初六日丁丑　霜晴不冷晚月色不明

靈屋掃塵 李平清來 校點漢書半本 夜正臥 下午過李府
鎮青到 先正子累綴其文滿廿二本
初七日戊寅 早天雨 午晴 有風 月色甚殷
接兄初三日信 知寄書已到 在店發寫信寄城 又為李竹齋信寄與化趙
處 校點漢書半本 點漢表處 俟晤心蘭詳問之
琍弟在濟安堂為其母屬勍夢書人來 再備印校之語 擬肥字兩字為之弟
作識帖一首 係肥字
初八日己卯 晴和 有月
過心蘭正漢書點誤 喫臘八粥 過車本批點帝紀七十三頁 敘傳二

十七頁共百頁

初九日庚辰 晴和有月

早往濟安堂賀馮君革喜 伋民來話 默宜弟杏弟諸託

初十日辛巳 陰寒欲雪

往杏林叔省二伯父 到店請安 午後過伋民不值過李府

冕臣來話 林二哥晚來 晚到店候同事家

十一日壬午 微有日光 夜月甚明

父親來家 大兄六弟皆來 黎明話林二哥便過李府

十二日癸未

早到店復往香林巷又往請芍卿電 得伯寅信一函

十二日甲申 北風甚冷日光時見

店中酬神 早赴清家 孙師曹公二房錢黃先生等人 蓉鎮信一函

芍卿信一函 俊民携元祕碑來 二伯父午前來下午去

下師晚至借去碑卷三本 過庸臣不值 閲九經古義一卷

十四日乙酉 朔氣逼人 有月

再至怡佳小泉茶話坐有月川心甫蔣劍人 鎮來初十日信

寫蠶頭 閲九經古義一卷 晚寫復鎮信并族姜信又寄汪信

十五日丙戌 四嚴霜滿屋日光杲杲月光皎皎

從丁師畢兄兩處取回困學紀聞六本漢書二本　點游俠傳未畢

閱九經古義一卷　點白虎通兩卷　過虎臣不值　過心蘭並去草木疏二本

并正訂漢書疑誤　閱困學紀聞五頁

十六日丁亥　早霜甚重紅日可愛東南風和煖之至

魁官生日以筆印書方算珠脂粉等物試周乃屏去諸物執書而笑

奇哉　翀師畢俊卿偕來　午後到局見呂炳南試卷

檢書本白虎通甚勞假甫臣處抱經刻本未校

十七日戊子　陰陰欲雪地皆回潮甚和

心蘭早來閒話同過甫臣少坐　寫大字數百在局午飯

校白虎通疏證卒業 改肥水詩百首 閱國學叢刊

十八日己丑 晴和 東北風 南來之舟不便 坐廢一日可惜 晚誦陳太僕文數篇 改諸弟文三首

馮四先生邀明濟弟同舟歸去

十九日庚寅 晴和無風

校白虎通五祀社稷兩篇 閱李文忠書後 閱韓文一篇

午後為通甫題石語為石蘭得意甫且并為尉之 顧曾作序

閱杉子真思齋駢文 精妙相匹 日夕月末之時 四人同步岩壩之北

晚放學 寄盤城信一封 真來信一封

二十日辛卯 晴和晚有凉風
母親壽辰恭祝如禮 三兄早由鎮回 許大船有茶吉人同行
臨柳公權書八十字 校白耳通十五頁 誦蜀山太僕文十首 午後偕三兄
東返李府 便謁丁師 姑母晚刻由孫府至辭坐轎去
心蘭猶未歸學 清晨送明安弟至丹陽碼頭以西
二十一日壬辰 陰無風
共三兄出遊回 借來清觀叢書六本 出回閱前數本
午後偕三兄觀世園回 心蘭 在書舍苦悶 復校四冊圖書冊
三兄贈我啟沈宗一套 千字文一本

二十二日癸巳 大風

翻閱 六弟子楊壽祺書之本 校點之處傳中

二十三日甲午 北風其涼 先曾祖年維殷

校王莽傳二卷 曾祖周忌 三兄之來飯 手信同過聊居

託我君戰 引兄蘭濟同在清池 日記夕三兄往茶園小

坐 晚寄東坡信未到 早晨兵踏 值僱承去

祝杜大十點信到

二十四日乙未 雨雪霏霏 上天同雲

校點漢書一本半 六兄臣睡 晚接三兄二十日信并申報

求志書院冬季題目

經學 五數三數解 十數八數 五大五細解 三入三出解

史學 兩漢儒林傳補遺 補三國志儒林傳 補後梁疆域志 補南唐書藝文志

掌故 擬國朝諸經新疏提要 擬國朝諸史補志提要 錢野校錄後急議 吳縣官水利弊議

算學 題繁不載

輿地 涂山考 川浸山藪不屬諸侯說 武王用庸蜀羌髳微盧彭濮說 問油船年限其理何在

詞章　十六月六日三君合會吟曲山職以下見果適明真誥均韻

鄧歐陽公琴餞伴咏雪即用原韻

宋伯仁梅花喜神譜分八類曰蓓蕾曰小蕊曰大蕊曰欲開曰

大開曰爛漫曰欲謝曰就實　各賦七絕一首

詠紫薇花七律二首

二十五日丙申　陰　石甚冷　日光間見

為楚公書楹聯　俗之苦為送尉者　康熙御書仙迷往事

在四宜午飯　晤仲蘭　翹詠　苓仙　洋然一年

復貞翁信又一函　復瓦來函

二十六日丁酉 晴和

校漢書十頁 謝神十 偕三兄過傷氏

二十七日戊戌 有風

昨晚受寒今覺傷風

二十八日己亥 雨雪

校漢書十頁

二十九日庚子 陰

兩日屢送來卷款 避風未命 接鎮來信 丹陽沈老師以不謹去官

三十日辛丑 陰 地滑如油

早過三兄同過西園　祀祖　下午復過三兄約仝往李府及鄒二師處辭歲　戌刻到李太和李宅內處辭年

庚寅年正月建戊寅初一日壬寅午前微雨東風

早在堂上各大人前行禮 至李府賀節 下午回 謁衙兩師賀禧 至泰和瑰 三兄及小錢錫翁來

初二日癸卯

補賀東西親友十餘家 子蘭早去

十七日戊午

辭別三兄下午上船西風微動長篙短縴行五六里許忽東南風大作舟子歡欣有青青色帆速若馳目乍升風篷檣夜未半至邵伯埭宿焉

十八日己未　晚大風微雨

辰初相與晤談談杜白雲黃胖云綬自邵伯歸　進城甚早

謁悅老及炳南炳南丹勇均來見　下午喫湯圓有悅老在坐

晚偕丹勇閒話至十點鐘睡　謝庭蘭丹徒人有詩聯古集

客訪　一看小玉放煙火

十九日庚申　甚寒須著絮履

悅老晤往福來葉　語賭及張讓元　閱說文肉部　柳小泉至

晚有小菊杯酌　不等時文已三閱月　偶拈舊抄本誦不成聲

二十日辛酉　夜分大雪

毋舅招至蔓勝園小聚　閱說文力部　下午隨毋舅沐浴

燈下閱中興名臣像　鄂褒毛髮千古生欽　高郵周用朗著有詩

古文集　其剞劂氏不知誰何　頗通經學

二十一日壬戌　閱雲山作似有萃律之意

翠閣宴軍晃復至陵三圖　誦時文二首

二十二日癸亥　放晴

恍老早来少談即去　閲説文二頁　誦時文三首　閲周雨窗古文一本　招益館圖　晚卿狀元策、連得門三鼎甲者二次　周雨窗有輓其兄樸山先生聯甚沉痛録以

君日思之雲安長眠書滿案訪清蓮悲赴櫻搭湯肩署了全轎只帶此草三石屐去了

裁剥有數山道遲髮影影無病病無醫衷别有慶勞無告一門誰詩真不知其詳身世如何

二十三日甲子　晴和

悦丈招至城南茶話 有徐先生在座 至定寺觀觀音樓〻觀字寺

中和尚住華嚴會 見任子田先生題板橋畫蘭一幅可稱二妙

閱說文亦部 觀雨窗雲谷兩人詩鈔 嘗蜜餞香橼味甚美

二十四日乙丑 晴和

諾軒兄招至景福園〻聚談至午刻始散 接弟前信來并衣件

復東台信一封 附寄筆墨兩匣香點三盒兩件

二十五日丙寅 作禁體〻咏雪詩一首

二十六日丁卯

二十七日戊辰

二十八日　己巳

二十九日　庚午

悦老招至城園外飛來在水會徐之子　偕明遠節至公記棧查

圖於集成攝南山川共三本——　王詞鴻至

母舅以草筆畫印稿見示　閔益智圖至十一點鐘始睡

二月建己卯 初一日辛未 晴和

老王扛書來 計圖書集成七箱卅本 閱經學名儒列傳 海秋弟午前至揚來鹽城原稟一封屬余寄塢 悅丈午後同至集福園是江齋夏博之朱卷 晚飯後陪母舅過汪府晤縉初兄畏誌

初二日壬申

早在福集茶 閱申江勝景圖 隨母舅至南門瞻興邑泮宮 悅老招午飯 徐公有粵東之行兼以餞之 汪家對門爲東寺佛地也 午後偕和尚四人作戲匡林清譚煑茗頓離塵垢 堂中懸額書是壽者相四字 沅甫制府手筆也 神味秀穎 魏徵煙

媢吾見其人　狂瀾萬頃歸滄海，危石一拳傲衆山。徐進之題

廿霞青詩句　恍光贈我國朝畫華年表二本

晚刻毋勇以酒相款，入暮鑄傳杯以永今夕，小有孫古悅史談

瀾所見及海秋節　喜及五弟信附挑集信　文舟寄之

初三日癸酉　陰冷有雪意

文昌帝君聖誕　相傳竈君亦於此日降生，此邨尼們今來誦經

余生平最厭見僧，又惡見尼，惡其似也。適仲妹與余吃茶，遂與

二尼相值，噫，我是文昌之弟子，不得見孝友，剛身徒見此優婆

稗類，亦不幸之甚矣　毋勇出古硯一方，色黯紫，混沌無竅，研墨

甚細膩亦佳物也

國朝三元及第二人一錢棨字湘舲一字振威江蘇長洲人乾隆己亥解元嘉慶辛丑會狀一陳繼昌字蓮史原名守叡廣西臨桂人嘉慶癸酉解元庚辰會狀　五弟寄來信一封內有棠兄爲臣尚兄已故之言爲臣祖父八兮良先生於正月二十日作古噫泰山梁木奈何顛乎

初四日甲戌　早起聞鳩鳴午後陰

悅之招至城闈趙萃卿先生在坐託余致意東台邰山諸老

聞子戒士文過輿　母舅早來爲余求戒烟詩　送鮮蟶與悅老東生物也　余因過天台客亦來晤及卿八董某及郭邦公　周海峰名

儒列傳　而棋花落當云多少調羹賢宰相出身向此中來　三八
應云十歲縣林人不識何妨當作李桃看
初五日乙亥　早起雨旋晴
志王送來圖書集成後兩箱　午後沐浴　隨母舅至東岳廟觀戲
宗錫福四大字　剎關周公所居乃三月揚州地也　因以圖書眉劉馬鄉
誤入其門心悔之即拔步出舉步必慎誠也
初六日丙子　午刻微見日光　薄暮雨　夜分有風
早起母舅已煮茶粥飲矣　恩毛子來　伴悅丈　福來之約　爰隨母舅往
其明遠第檢理圖書集成三書彙編至晚始歇　九點鐘睡

草名吉祥家之宜也梁僕移来數莖淋株笑倩予種之思得一聯
云一咲何如如意花當如意如娣山字如意二月初吉之祥草應吉祥
人○展吳兢樂府古題要解百年詩合十歲一首陸士衡作也前擬
求志課中詩徵課開卷有益川年知非通之謂儒論以為
復五弟信附漢學卷交母弟主
初十日丁丑　風甚利
讀悅文王揚家書正謁之母舅少談甚明遠第程理明偏注濟
理學之彙編十一點鐘起申刻畢凡九百餘本三遍手以兩人而之時
盡之心勤夫昨猶有仲妹今無之也

初八日戊寅 毛雨竟日

母舅蔡心來家屬余撰聯輓△公 故三君台舅聯一首

吾鄉俗今日有吃个餛飩病太昏之語 外祖母如其言為余早餐 二母舅送來南園壽餅之事日來口福甚至 咏重々疊々上瑤台之句頗堪一笑

初九日己卯 風雨

補作咏梅六首 悅丈來後過教談々近事 二母舅午後携來陳刻圖書三方 乃輝背書至下午始畢 書生々々不愧書生 燈下與淵妹談皇甫君故事 十點鐘睡

初十日庚辰　晴冷　月色甚朗

昨著東信今日寄去　在景福閣晤及汪文孫公

潭水映桃花文我情感深千尺　古山採仙朮祝君壽願比三峰

右丹徒茅三峰壽汪古山聯也（即汲甌先生乾隆[illegible]氏伯祖也）後有某君輯楹聯叢話采之而易

古山爲雪山孫　失其運用之妙矣　此聯現存梧老處　聞於庸先生云

曾祖盈科公嘗以湯圓遺三峰先生　先生即以爲題作四十韻見酬　並

書於扇　今見有香草堂集此詩已登　擇其精淨者聯錄曰

全神歸掌握　元氣運中央　完全將也失放下早握得

身雖遺究精性頗愛禱祥往化經須到功夫要而長

題令予人便清晨一樓曉風殘月後寫道市門之旁
婀悟圓緩渾休嗟賤可傷祗因抹凍餘未屑伍膏粱
青秀集悅庵蜀氏藏本也今只見一冊（近作詩）其全部家稿
萬物生於春而歲冬獨生於凍下百花開以日而歲冬獨榮於雪中
背陽向陰小人之類傳咸作賦稱其歲寒不改未免失當虛作
七律一首識之語句云輸與寒花心氣勢一生常向太陽開
謄求志卷一本計千七百餘字子初始睡
接三兄初五日所發兩道手書知諸姪俱已脫稿須數日後之第
老子齋生

初十日辛巳　早寒　地有薄冰　目明廿卯

閱山川攷得第廿八藏一解　悅庵尚氏來　少談即去　送至城灣

閱小學彙攷

十二日壬午

識高詩話東京以十六日寫花朝　又寫撲蝶會之一筆　其乃說今朝七

官命乃燀師之　悅丈招至景福樓話　往顧宅看梅　檢母舅書

篋中有西遊補記二本　內載文士觀榜一段　形容盡致　可以無忘百

憐也　閱經學部一本　月上時　好風一陣　送來當鼓之聲　出

門邁步　見星人家　送要換兒者　看月眠遲　時已子正

又賦款冬一首中二聯云蜂斗香鑽引以慧眼鬚頭可捋減英風半生臥

雪斯名士丈冰山倚相公 蜂斗取鬚頭花別字也

今日花始萌牙月纔半面兩家々弄逐處々傳觴美景良辰感過

花香月滿時矣昔人云花未全開月未圓真閱歷語也

十二日癸未 上午晴未刻雨雹甚冷晚寒月一丸照人眉宇

二舅母自大樓至 大樓者馮家宅也 鬀頭 閱經學部總論一本

恍老款閑先生呼余往晤坐有何郎徐君 濟深渭哥不可以風々養

病一日午後無事相與長談其經術誤蒼生說及晴近晴蔡諸

作皆妙 有詠九月團臍十月尖々聯云一詩如可換四美定相兼刻劃

無痕迹縱心思　小蕙書扇主人示梅云風雲遇他斯壓攢十分冷處

識吾江風骨固高終究擁其孤傲　明月滿窗隔牆一笛与諸弟

妹閑話夜分始臥　寫啟泰弟畫先生吃茶圖頗足發笑

接五弟初十日信并書七本即寫數行復去　誦文伯背文一篇

十四日甲申　晴冷　風月良佳

母舅早來家書四壁音聲小鄒暑一過穌〻氣古唐寰　联見

示表樸〻耘樸入心字　瀏陽學彙攷藏方弦各半本

午後陪兩舅母及大妹作門葉〻游戲〻以燭盡方散

蟾光如水風〻露〻浣巡　示東坡春月色勝如秋月色詞殊滿人意

之。晚飯後与兩妹一弟步月至巷口，有感云：姊妹二家溶笑語，弟兄三處望團欒。偶談小時事，六歲啟蒙，十年上學，雞聲燈影徒事勞勞，只博得一領青衿，經濟詞章未獲尺寸，愛自情云：讀書儘為科名計，不若將身作女兒。

十五日乙酉 晴 有月

悅庵舅氏茶後過我，携去輶軒語四本。過書坊，見謝湘吉文賦稿、劉氏六種，閱鎮江府城池攷。母舅晚來家，紹彭兄乘月至，留飲盡歡，月下送紹兄歸。余衣有破綻，外祖母為余縫，縫有句云：感深慈母線，補到外孫衣。啟泰弟与乃兄同榻

三峯先生輓外太祖徵士公云濟世十全心眾歎哭君一二痛眼哉枯

又錫谷先生輓之友云老友無多又傭一介孫吉甫侍思君不已少活幾年又

邑之廟中悉聯云陰騭可迴天看意迴天後成陰騭文章能拗命無才

拗命終佐文章　以上三聯皆悅丈述

十六日丙戌　晴龢

早陪毋舅悅丈謁邦兄景福園以聚　閱傳經名儒列傳

三兄寄來十二月手信知前卷已收　下午印圖書集成眉戳一箱

毋舅晚至携來八大山人手卷富貴圖一幅

啟泰弟見月必呼跟我走走余聞之忽得句曰阿弟大呼隨我

走請看天亦寫錢帖錄之聊當一哂

於乎有吳延陵君子之墓

右十字碑

十七日丁亥　晴煖　涼月生毛

悅文來後去　誦時文二篇　閱經世子部十頁　燈下與毋蕩作鋪地錦算法　從戴經世文編戶政門　陪外祖毋閒話至亥正始睡

十八日戊子　陰　午刻微雨兩三點

毋蕩招至某福園茶坐　有陶姓據云是此地董事　晤及李八

文丁公略談數語而散　悅先來略坐　下午陪外祖母鬥牌
仲妹不知詩而性好學　昨夜月下聞笛聲　妹忽吟曰一輪光滿搖
銀釭　驀送誰家弄笛腔　余爲續之云　色相聞根都淨盡　不
辭風冷坐臨窗
十九日己丑　上午毛雨　午後淺晴　鳩鳴
觀世音聖誕　閱東漳經學名儒列傳　誦白時文一首
悅屢爲勸氏子四約茶　鄒某者淮曷道〻腐也且醜江湖沿門
乞食　下午邱伊枉降　贈以一碗茶資而去　燈下說兒女英雄
傳一段寫　外祖母大人消遣之　背臨多寶佛塔碑八十字

二母舅云今日縣官審割雞一案動手○人重笞六十

師出以律律字當訓以律律作法律解似誤

二十日庚寅

寫吳大姨母作寄兒信一封　接五舅十七日信晚寫覆書函

閱經學各儒列傳半本　西鄰嫁女婿來親迎以人手

車錫爲一退及詒所謂告朔之餼羊也　晚隨母舅悅丈福

來至觀十八景看狼湖　晚與三妹猜請夫子回爲一宵

風箏滿天承四野風多取之繩之可以誠有味守其之言之也

二十一日辛卯

早在城闉餃麵平甫漢卿毋舅悅庵舅氏濟哲兄隨悅文丞

楊履翁家一逛 過蔣心石董心泉少談即行 閱三國誌

呂布列傳 風甚狂 二舅毋欲歸不得 寫胡心泉講不可以

風一二寸 晚飯後誦時文一首 張守戴餘姚與大妹陣聚

二十二日壬辰 風冷有冰

接三兄催歸之札并詩三絕 毋舅早來寄以扇面屬書并

題 閱晉書儒林傳 誦時文一首 下午又寫小游

宋高祖與臧熹書曰以一境人士子姪如斯聊欲樓訪粗聞今之軌張荆

玉含之要僕開楚幽蘭懷馨事資扇發 六朝人吐屬閑雅風大

二十三日癸巳　晴冷

早陪瀛女從舅炳南母舅景福園茶話　閱六朝傳經名儒列傳

作七截二首以遣欲歸不得之思　即步三兄原韻　瓶花謝矣插芋於

其中　口占云　四面琴書要粧點　夜來斑管可生花

母舅晚來家旋去　云不日有蘭花送來　妙極矣　晚飯後閉門　首湖

遷延至亥正倦欲眠矣　兩妹強余誦文不得已爲之讀寅谷先生

仁親以爲至一篇哀思動人

二十四日甲午　和煦

悅庵舅氏茶後過我談及外伯祖之鼎公文賦皆有刋本　午刻去送過

橋東過還至伊府小坐　張十丈自泰州至小住一月　申刻陪母舅太平泉澡身　人生父母俱存兄弟無故有半畝宮觀萬卷書賞四時花木樂識不識南面矣余家庭之樂備矣書無多而儒可讀今又得外家新本亦不下萬卷矣所闕者花耳漢卿母舅特贈春艸蘭兩盆憶曆舅氏之石廬其石足又豈俾人送來紫莖噫昔人云不如意事十常八九今得如意事之多耶文正公以求闕名其日記余不禁記今日之事兩有之於求闕焉

東坡先生題蘭詩偶憶及之錄如

春蘭如美人不采羞自獻時聞風露香蓬艾深不見丹青寫

真色雅補離騷傳對〻共霄堪冠佩不敢褻

二十五日乙未　晴和　夜星不繁

昨舟子天保來便將不〻肴〻敝衣屬其送歸另有詩函台及三兄

與毋勞印圃勞及長眉華兩楨　寅正即起在家早麵

陪儀文及淳抑勞氏福來一坐　閱陳及北魏傳注列傳又蘭磬

傳一首　撿國朝奉常蕭名丹五男　昨日手種蘭欣〻已有

生意　晚喫麵餅稍多上燈亮〻不實且未嚥大夫偶能

入口諫氣逼人

二十六日丙申　晴暖

趙丈萃卿汪薯憺庵及張邦兄拓往城闉以聚 書蘭人住長
生院裏〻院有屋三楹中懸一聯云庭前古檜千年樹院裏長
生不老人 接爸〻日家書 內有唐方外錄 誦時文二首
蔣以石拓余午茶

二十七日丁酉 大風

閱命桐彙考多未解處便將以字為無某排〻
誦君子懷刑游於聖人之門清二篇 月輝有月中晚出 晚飯甫
半忽聞警鑼出門〻詢云是城南頭四房失慎隨眾往觀火光
適到始熄〻途晤莊鴻兄

二十八日戊戌 微雨無風

十年前見某人亦皆葉詩押韻字皆能不解今閲草亦改韻句

韵别名見别錄晴著之疑一旦冰釋不亦樂乎 悦老遣仆來

假母萬元之蓋已假靴明日楊帰 誦詩文二首 閲盂蘭以兩

二十九日己亥 陰

早陪漢卿母萬瀛去從舅方來茶坐 題墨葉句葉云徵能斌媚

扶唐宜端自糊涂理趙家不足之人間無形手淋漓流耨相公花

東八之子顧念祖方十一歲五經將畢矣 文選兩都亦已啟誦小楷

工整之之長眉秀目面若傅粉可兒可兒不凡才也 午後罡云間談

典誥都雅中肯奇哉　晚來無所用心聊借葉公消遣孔子曰博弈猶賢乎戲〻詩以文過耳——　福弟自福來函稱游野草堂之景

三十日庚子

早與悅丈及錢邦克明遊東城闉茶叙　觀嶽廟古檜孤屈如龍千年物也　歸臣將北行作四律餞之

閏二月建 初一日辛丑 風雨竟日

閱坤輿彙攷 早發嶠信一函并寄昨詩

初二日壬寅 雨止能

悦文茶後來閒談 閱坤輿攷 誦時文一首

初三日癸卯 於今三日滿〻矣

文正書院甄别 長友題仁者不憂至夫子自道也 少友不恥下問至

其可上也敬 詩題閏月定四時 得成字 辛書一卷

從邵先聰至留飲 母舅攜來壇信一函 前月廿五大兄舉女

初四日甲辰 晴

又題墨芍藥一絕云：芳姿默默倚園東，不羨揚州第一簇紅，直是一腔
離恨滿，淚多脂粉若爲容。閱管子明地理植世家郭璞葬
經甚矣，陰陽流泉，公劉審視，西遷東澗，相經營，堪輿家言之，亦未可
厚非也。悅庵舅携來小孫，四枝劉饒風味。昨日小友請題春雨
種魚圖。五弟云有來信，弄弟拿去四枝。晚桂花插瓶。
新月一鉤纖眉如畫。聞雁觀鷹。

初五日乙巳　晴

揭扇面一个。閱北魏紀傳、各儒列傳。悅庵舅氏招至乾元午
飯，坐有鄭伯張云。福弟午前來。寫白摺一開。

初六日丙午 早晴有風後微雨

臨蘭亭帖 觀王墨林冊頁 偕明弟往招說丈午飯 在上池齋視

其配藥踏及顧文 鄒某文丞 毋曹來家 誦時文一首

閱身體彙攷 晚陪外祖母毋曹浮鷗 先晋和尚為昭陽東廣

福寺宏開上人再傳弟子 雨露嵐師之高才生也 少學佛通儒

家言向在浮玉山晤其兄引僧而方丈 即為予述之 今見益信 宜表揚

聯以贈聊錦方外緣耳 聯云 清遠宜鍾山水秀 慈悲能補聖賢

登華子岡月夜於辭若窮遊赤壁殘秋江鶴影也人但想一前

賢神明閑保 見塼塔銘

初七日丁未　微雨

讀胡文忠公奏傳　書小字百餘　閱身辭郎崇政　复瑞信

初八日戊申　微雨午刻止

讀胡文忠集　閱坤輿考　悅老下午至

初九日己酉　仍雨

二兄由東來　雅談一切　閱格致書院課藝三冊

早請悅丈稿　具

初十日庚戌　晴

鄭克牀招　仝二兄　晚弟　蔡　飯　午後回　毋男沐浴

景福園晚茶陪二兄過汪府及二母舅與薛又翁處 嘗東信五

十一日辛亥

早與二兄城園茶坐有母舅悦丈趙華丈張舅兄 閑接課稿 月下送二兄至雅松

十二日壬子

語泉小聚邀漢二悦二兩舅氏及二兄 送外祖母及二兄登舟

十三日癸丑

東北風甚大舟小泊北門外隨母舅往陸外祖母問話酒遣之

下午登元武雲台觀音玉皇閣諸處相傳是唐熊陽之

景之一縣未暮矣 寫大卷六十字

十四日甲寅

寄葆墉信一封 託福弟寄母 過少沚齋携回一扇清之錚

誼悅丈來談晚及諸況 前晚過誼之叔書屋見李笈堂之

蹟之 蒲叔寄到館中蘭花甚之茂其之葉花一株形所愛

乃輝不知何處去矣 下午恩偕何郎來 福弟午後去作鹽城

信一封託其寄去 昨日占雨字今日皆驗亦奇矣

二兄因北風不順命以順字測今日之風如何 案順字爲心之南方

次屬也，其同中央，中央兩缺，其右口吉人之空穴來風，左方空風即從左方入也，是宜備東風兼南，且問風雨何大高之象，是宜家人大吉之卦也，可卜平安。今果東南風。

淑妹失銀針一支，屬以吉字占之。案吉上似土，土能生金生物，對其無失，下有口以承之，是必遺於小圓窩中者。其首甲寅東方象也，以果於東房煤子筩中得之。

紹邦晚來，約同至伊家晚飯，一更時歸。紹邦携去戊子科鄉試課藝乙本。

十五日丁卯　月色甚佳，晚携敬弟至文昌祠小步

稿 五弟初十日來函 初三十五日函鈔一 書尉未寄

十六日丙辰 清明 月明如昨

紅桃滿樹都都亦相思擁者低頭與徐徐蕭然也 早有沈趙

二丈及悦庭漢卿阿男氏城闉茶話 風以弟滿天試茶一頃去

晴 佳景大略相同 備灶 母男在家百

十七日丁巳

吳三兄由東函一通來 五弟手信 又撒文書 舜卿信一封 星期以鄰者百

葉敬承其人氣味冲淡 右言有倫 良可友也 臨趙先臨雲亦經

一頁 十八日陰 悟文於昌最采騰小坐 晚及鄭先亨

錫卿晚至留飲暢談酒罷為余畫墨梅一幅款識別去送至
伊家十點而返時月色滿街歸來不忍遽寢與乃弟講書
一頁八 今日僅茶少喫飯一碗因神不適嚼冰糖而愈

十八日戊午

母舅來家午前至城作复五弟信又被邀請母舅帶了歸舟
崑璋二兄日 月下步至縣署前一閒今日有觀音燈
十二點鐘睡

十九日己未

吳三兄約茶少有二母舅及鄭省翁又晤及潘之從舅眉庵

表弟世習來寓午膳　携來北苑舟回画　曹君到直東南風不錯
談舟前日泊北門時余與二兄談金壇考ろ偶述一聯下句云
向北水閘下船舉哀以告戲不忘談舟舟毋忘於歸途大喜喜儿
諺語寃識耶
二十日庚申　晴煖
換絮袍　福弟昨晚至　汪三丈由上海回界在城閘茶敘
種花半日　鍾天緯寄致董小查信　并其三子趨理題
細閱　誦詩文二首
二十一日辛酉　晴　午陰晚雨

悦庵舅氏茶後至清話片刻 誦詩文二首 閱文學列傳白行簡

樂天從弟友愛逾常 福弟携來少芝兄信 即寫數行复去

蘭丈得雨神氣大佳 盡日書

二十二日 壬戌 夜雨午晴有風

誦詩文二篇 閱胡文忠集一本 見文正公趨朝遺像 閱史畧書

有文學名儒列傳 下午同萍悦兩舅氏暨蔣子小石至文昌閣觀

梨花 登魁星樓 俯視一切 過泮池小憩 廟祠有紫藤一株將着

花矣 祠中有聯云 衍祖宗一脈心傳自忠厚 教兒孫兩條好路

惟讀惟耕 祠之西有園名西園 懷素好戲

葉子道遺稿此半矣，紅燭餘光嫣然可愛。朗誦板橋詩集一本

昨日在徐畫鋪內見板橋畫一幅，題云：一竹一蘭一石，有節有香有

骨，共成君子之風，永壯千秋之色。　相傳興化城形如胡蘆

二十三日　癸亥

早陪母舅茶話。誦昔文二首。閱板橋詞及家書兩種

二十四日　甲子　陰雨

接吉齋二十日手札。聞周達夫作古。蘭翁挺能，直工之矣

母舅家有綠端一方，背鐫銘云：一片之石，取其堅；一勺之水，取其

潔。下注康熙御銘四字，隸法真厚，能石瑣過，殊庸俗矣

写真楷百二十字　临草书三页纸　诵诗文　与母舅围棋

二十五日乙丑　仍阴

城阁早茶至午方散　临草书数纸　张声元赠我梅聘海棠

扇头一个　其用笔之妙　非可以言语形容　识者当面化矣

与大妹围棋一局

二十六日丙寅　晓晴午阴

小斋无事　藉秋雨庵遗怀　张声拉往福来小聚　不有何余

君　阅文学役　复素斋信　与周福亚舟　饭罢　教淑妹围

棋　始信人间有离别　而知天上有高寒

二十七日丁卯

曉起霜花露氣爽目盆蘭一叢開十三花精神卓絕

福壽經注文　寫扇面一片　午後周甚若三扇

懶作朝陽客從遊港沙汀窗外拈花拜石歎日東風吹面軟

已還歸帆滿息影又被主人輕勒道家山春正好恨一杯

夜第夢頻驚悔家貧夢中相和醒相失詩言

這別離聚宜陣可惜一把英雄淚背寄規衛

歸地君羅衫被還送落瑚兒歸去了眼濁問程柜汁

歸來歸陳腳腳赤　調寄賀新郎一首　欲歸不得之志

二十日戊辰 晴暖 時毛人來祆扁之矣

接二兄三兄五弟來信三十五 毋寄 寄 來家 閱六韜三略

八陣六花圖說 讀書文一首 午後進至福來路及張幫

莊鴻留買請學問 進張幫 閒步至縣署前官廳柳色

青青風中小立張望清踪 閒步石廣孝廣以蹤跡

余撰著燦䆋 八以又洪見請 日占一絕 日 詩云

薰風吹暖書檐台 蕭竹稍光竹 鄉戀 思鄉𥫗抛未忽

為任 那 毋手 中春

湘鄉曾學問武進管文 新 勵志曾學問

漢○卯孔椎奇經解六革音五一折晉兵二諸侓三行四趙走五惡闢磨沾五

一元二黃三白四青赤一作五赤青一作棗生可有穀果五麾五靜之沁

二十九日乙巳

閱我被門呉諸搖論　論詩文一首　汪丈招晚飲坐有董莆

錄三小篇　詩稿出偏殷畫意四幅見示莫明其妙

鄒大哥來閒席

生○死○百○花○前○萬○紫○千○紅○總○開○嬌○首○　相待瑯屋文宗以擬出聯

春○歸○六○月○春○人○間○天○上○搖○錦○囊○　此被滄洋先處二十年

三月建庚辰　初一日庚午

誦文一首圖葬之局　悦文遣伻送來張了北徵祖繇南雲顯戲詞

劉覲文損賀靈光拜書　晚飯後聽兩妹歌東風嫋嫋京城無處

二絕余唱羣山萬壑以先之　天好蘭花開而不掠只力不足遂之

故耶　雷了發聲　旋即急雨一陣　暖甚　接壽兩廿八日信

初二日辛未　曉起謙風襲衣作

江都吏子和先生親称成迎理文郎付篇之勝其學子之安

題以親見好札益吾恩師今年纔十七耳子之竟學外

讀書文選文辭通考皆能成誦我弟如此早在職聞之之

鶴諸鈞佩舅氏子和先生著有種萓軒賦鈔，惕丈餉余一部

其賦多古音。午刻招惕丈及仲翁兄小酌。飯後至西瀦舅

書屋觀蘭花一盆十五箭，一箭十五六朶，排比成珠，可愛

也。毋舅晚來家一坐。

初三日壬申　上巳　脩禊之辰　東北風甚大

史子和喬梓過我。惕庵舅氏茶後過我，董丈早飯之饌。

閱種萓軒賦。午後觀毋舅畫蘭。復嵩園小坐。

膝下閱外家之乘，壽仲公之學行，貢南公之善弈，鶴山公之詞章，皆

超出凡輩。案：壽仲公名爲霖，貢南公名爲奎，鶴山公名之鼎。

君聲聞郊都成畫畫解　丹汀前輩及吳稼兩先生了之
邑擔郡庠而上揚化孝廉官

初四日癸酉　早有雨

母舅在家　乃僤傷風　臨貢南公棋譜　街南一小樓讌飲地

也　母舅邀徐公酌　坐上客爲汪丈悅庵董君小垞吳子竹孫

二母舅家今日移居書門號作贊

初五日甲戌　晚雷雨夜子尤甚屋有漏痕

張聲伯來　寫扇面三丁　吳三兄玉　汪四夫人來談錢甚厲

鄒其米又來　譜著一局　唐禎燦舟來接予

乃輝服趙龍耳子方

初六日乙亥

昨夜大雨屋漏不寐 鸞廊亦〻行 料理什物

往二母舅處談 大舅〻家告辭 辭拜來晚飯而歸

喝北曲不肯 下午漸溫 晴雨風小雲 下雨留雨更雲

初七日丙子

昨晚湖字紅大令日東北風不〻忘其〻忘強也 曉往書院謁

趙丈傅觀察手澤 城閣暴雨 二十母舅 曉唐舅氏章

鄉趙丈碩拜未見 午刻孫母 洪樹〻弟來送 舅父〻公母送別

人雖生恰識不深也　閱古文苑一本　晚病大滌

月色頗佳繁星滿天

初八日丁丑

仍重風

第三冊

庚寅日記

起三月初七日丙子樓上卷

光緒十六年

三月建庚辰　初七日丙子晴和

午刻由興化南門開舟東風甚大晚宿大梁　閲古文苑一本

作七截一首留别汪繼哲云　挹書當日就君家。今夕相逢感歲華。情比春波深幾尺。臨别爲我畫梅花。

初八日丁丑仍東風

舟中閲逍遥游一篇　薄暮到家　堂上平安　快晤羣兄弟

月下過吉齋　晚飯後歸　作與化謝玉明　早訂唐口舟

初九日戊寅

晨到店請父親安　即過西宅　昨日書院有課　文題是故君子至則財恆足矣

詩題進春雨乍晴桑吐葉　偕三兄賀張厚四十　便過心蘭　洗硯

初十日己卯　早毛雨午晴

吉翁約茶坐有三三兄陸明第　天伯父壽辰敬祝壽禮　在李府中飯有三爾開聚　吉齋有奧北之行　晚與二兄等送之

十一日庚辰　大風毛雨

檢理書屋　過震記交汪濟鴻件　張冲臣來取畫件　又携去尔玉圖二卷　午後偕兄沐浴　閱壽鑠槧以祇字失出停科　非此寄過

十二日辛巳　甚寒

心蘭過我携去桃花居襍說三本　過清雲館視筆　三兄因寒不出

閔明季稗史吴三桂傳　六經東許鄭百行法程朱　閔方詩先生撰聯也

十三日壬午　轉晴

先祖妣忌辰敬祀如禮　父親來家　冰甫還來爾雅　大兄六弟皆午

刻至　寫小字百八十　咳嗽轉甚不可以風　鄉下了二兄諸年大

將軍故事　潘閣蜀碧　檢貢舉年表　渭厓公以乾隆三十九

年甲午鄉試典試山東時秀水僕卿副考官方御史費南英烏程人是

科解首爲泰安趙東周　書一帖送崇如　細閲雲麾碑

十四日癸未　陰晦

儒風　改子文二首　并寄去題目六个　觀安徽汪鴻上彭宫保書情非完

稿　七種紀事本末　士禮居叢書

十五日甲申　晴有風　晚雨

咳甚頭涔涔痛畏風　寫以掌百八十　孫明甫文　觀曾襄侯遺像

五弟往西宅携來心蘭宋學稿壹與掌故稿　大兄晚至　李姑母回觀

音靈禮佛回過午飯　閱左傳杜解補正　蘭花無力遠聞度馬以軍

山沃上勛長之請余弗免矣　謙受益儉養廉敬有功

十六日乙酉　曉猶雨後晴

風咳不止　山長課題吾與點也至夫三子者之言何如　首夏猶清和

心蘭屬至兄送來一卷　勉强搨成殊草草也　詩中得聖想惠東傳

五字而未有其偶將置之矣忽聞明弟讀左氏至趙衰趙盾孰賢以爲

覺狂喜云晴○春○寒○暖○意○ 閱清嘉集

十七日丙戌 晴 月色甚好

邀楞甫來詠以硃解注那一帖 寫條幅一張 真中有隸頗自喜也

閱杭堇甫先生遺書 沈母送來四月 三元下午至 舉人復試題

爲善其肆食一句 吾子陶 一等十一

求志書院春季題目

一君二民二君一民解 九合諸侯解 書列七卜說 七十日受說 經學

明史宦官傳考證 閹宦傳考附 佞倖傳考證 廿四史侍考證 史學

孫夏峰年譜一卷 陸桴亭年譜一卷 顧亭林年譜一卷 閻百詩年譜一卷 李塨

通典州郡當於九州之外辨 首高句麗辨 林邑扶南海後 擬訂禹貢襍

凡例三 輿地

曾子七十乃學名聞天下賦 得若晚字不 有自樂 元宵立春詩 得暗字送窮 有音迎富無紀詩

閩花雜詠 詞章

十八日丁亥 晴煖 晚有雷雨

三茅合會之辰 曾記求志課賦中有句云除是春來十八 再接音塵今在時

矣 二更動身 由真往鎮 每每以汲汪沿堵一職 鈔江浙兩局書目

閱興化劉熙載持志塾言一卷 竺甫帥送來蘭花

服非藥，咳嗽大減，惟鼻尚未通耳。玉骰棋一局，銀搓慢雙鉤，[illegible]

此種閒況。細閱黃、王兩宗師試牘，一以氣勝，一以韻勝。

鵝邊碎影，猶帶昭陽；門外微波，可通潭水。改汪信中語

閏月初旬聞旨北征，余以就讀外家，未克餞其行，曾作寄懷四章，以當握手。

今憶及之，特錄於此。

荒城雞唱響膠膠，回首蓬門感故交。驄馬原難安櫪食，[illegible]遽翻自謀書巢。靜聽夜雨愁蘇轍，魂化春雲逐孟郊。我不能歸君亦去，愁香悔讀出門交。

試把功名較別離，多應無淚到臨歧。重尋定是仙源路，再放當寒上將旗。雨露端因名世重，風雲都為少年奇。玉堂清秘書無限，好共劉郎細細窺。

家書幾道肯當歸問到歸計轉非嫁淺衹憐留手指宮袍須惜舊青團江

南浦息争江杏天上文章輕宋艷蔚為升沉浮引蒼龍好傍應龍飛

蓮華有路從容凡取東長風海上帆高舉已改鴻鵠丶疑悟還學燕喃丶難

催祖送先教看刑憲錢是豈愿監非夢相隨到枕邊醒來燈影照青衫

十九日戊子 晴而暖

月季全開 幽蘭半展 併之案側 秀韻蕭然 夏僕送來朱氏說文

卌二本一并付伶之 此書是棠蔭軒主人親手檢點也 誦稚存先生駢

文

二十日己丑 陰穌

北鄉瀕海每值桃花水後必有銀刀萬尾隨波上下土人取之以為時品謂
之夜潮春魚今日家人聊復致饋惜其味之差池哉如秦祖龍之轀輬乍
過掩鼻不遑淵才若生定增一恨　李姬母至晚飯後去聞與人云融甫
家奴誤用尊拳致傷之耳　細詢其由蓋□方過庭而旋踵觸郤亦出之
燃燈不免搥碎黃鶴樓翻鸚鵡耳

二十一日　雲垂如墨頗有雨意

接〻兄信知已平安抵興〻傳來家聞題　子貢曰夫子之文章　二字　知所以治
人一句　霸者之民四句　城闕夜宿曉柳中　得門字
寫小字百五十　讀臥龍先生傳　誦翁人先生駢文

二十二日 朗晴

早接母舅復函 同附詩件 擬作賦未就 午後過寓 并遇星甫偕至復儀茶室坐談至暮 樓甫弟來爲母親診云風感夾飲以開散疏風治 往種芝取藥便過李府

二十三日 晴有風 午後急雨兩三點

早隨二伯父往復興別業茶話 後有樓八角泊 三兄五弟明弟 途經心蘭 在居閒中報鐵路有別開之議 暮雨新霽 偕五弟至城頭觀魚

二十四日 微雨仍晴

往程家市 偕三兄東謁丁師午後過祝申甫

二十五日 晴暖

東至李府借北夏兵之書 作曾子七十乃進學賦一首 放學閒步城南

二十六日 風燥

早与三兄延丁師并家 三兄携去真草年表二卷 飯罷存心齋不得其門而入 點顔氏家訓三篇 閲明通鑑輯覽 楚南晚來

二十七日 陰曉涼午暄

復母舅信一緘 閲明鑑十五頁 閲非揭道觀風題有擬郴州四將軍廟碑一首

二十八日丁酉　早晚微涼午煖

東岳大帝出巡　先伯祖忌辰　二伯父至　午後過嘗如携來柏蔭皋文稿二本　閱明鑑十頁　晚飯後到店　接二兄來信　云月初回東

二十九日戊戌　晴

閱明鑑二十頁　南京御史蔣欽具疏劾劉瑾　方屬草時　燈下聞鬼聲　欽念疏上必攖奇禍　有累先人　已又聞聲　欽起正衣冠曰　果先人盍厲聲以告　言未已聲益淒愴　欽嘆曰　業已委身　不得復顧　默為先人羞　遂奮筆曰　死即死　此稿不可易也　竟卒於獄　寫小字半開　閱杜茶村詩　夜夢晤畢俊民程宗淩老肆中

三十日己亥晴暖

早隨二伯父至可意館茶坐晤及李木清述丹陽府試二場題爲歸駒二字　抄執照一紙　閱清嘉二編不少佳構

四月辛巳 初一日庚子 晴煊

偕三兄賀心蘭壽 便過捷庵 閱明鑑一本 孙師遣人來借衣

午後過孝府 檢回宋四家詩 下午到店 託香柯某又來呵飭而去

東路何姓被焚 先是北關樹下孝屋有竊案 兼竊一孩 占離之四爻 少殊

可駭也 三兄之弟飛丞因誤傳聚東山北巷朱南巷也

初二日辛丑 雷雨

早往張家祝壽 握心蘭宗妙先來午飯 縣課題 人無遠慮二句

夜黃爲張隴頭雲 得黃字 午後至許沼伯觀芍藥 有柳敬亭其人

者 閒坐說漢家故事 與心蘭姑妄聽之

初三日壬寅 陰晴有風

早起作昨題以贈人示人以學易 依嘗有舊稿一首屬吳弟書之送之

至閣處 午刻往李府不聚 晚剎二兄亦往 即同歸

初四日癸卯 晴

捷庵遣人送來明史紀事本末黃本 從申甫處取回湖星一本

讀甬上閑撰亨華說宋遺禮無論其書於清忌在斯人

午刻到居見三月廿七日報 江蘇中頒廿八 閱經至甲申之變君非亡國之

君臣皆亡國之臣也

初五日甲辰 晴

遣明弟渡河詣南樓長老起居　暴所藏書百九十本入黃竹箱

分理書籍　讀盾觀王史閱郡兩書　閱太祖平東南事略

戊子浙江以第六名湯震甲墨不可多得之　三兄晚至三飯而去

五弟發喘　避風

初六日乙巳晴暢

檢前日文稿就心蘭正之　即過趙崇如月工始歸　假來東魏劉府君

墓誌銘石搨　午後到店　閱宦寺誤國本末

初七日丙午雨有風

有盜撞撞乘門開時闖入中堂竊去青蚨三百籃篤一雙家人嘗見天

呼而追之適譬劉〻夥〻至於巷口截其去路遂見〻雅馬搜其身原物具
在本設捉將官裏去觀其狀一似迫不得已而哀懇者且叩頭乞哀〻反訓
斥之而任其行　閱張〻楸史本末　早到店請父親安接〻元來信知初
〻四可動身　房壽岩大去　昨與心蘭擬溪橋八景
城隅觀釣　臨流喚渡　南郊省耕　板橋晚眺　石獅驗潮
許園賞菊　樸〻讀帖　趙〻宦談詩　末〻景即余與心蘭兩家子而補〻〻也
閱唐代叢書
初八日丁未晴
相傳今日為浴佛〻辰午後至曲池江〻濯身　為萬年青髮頭

改治宇沂試帖兩首 寫小字百个 點駢體文抄十頁 誦錦心選

寫子 大伯母自西定歸

初九日戊申 晴燠

接二兄來信并初四日申報 求志書院掌故夏學長取超等第四 心蘭

掌故舊長取超等第二 經學長特等第四 詞章第一 是段松年達

甲取四本 三兄暨弟同過我 下午至城訂閑眺

初十日己酉 仍晴 有月

吳淞孫由真至 弟來 看夢竹堂集四本 二伯父六言語至

心蘭來未晤 東之書府晴及孫帥

十一日庚戌 金 暖 十點鐘有雨 夜分尤甚

早十法書局同作五疏勝殿橋 午刻到局 請父親安 至西宅拜二伯母生忌 餞以為三兄 過心蘭 過翻而東擺痵小家來有象 後過李家西宅荷葉方亭、出架遍視各家無有過者 過馬氏家詞楊信見天井中櫻桐樹清潔可愛 楊花一株相映成趣 心蘭似題杜麗娘圖諸四首 大佳

十二日辛亥 陰雨

曉聞宛臣捷音 不覺喜心翻倒 偕心蘭堂如往增 志學會中得斯人出一頭地 先登餘勇 我敬畏之

十三日壬子

二兄由鎮回云汪少湘已中

十四日癸丑

早隨二伯父及江二兄如意飯菜館晤姐齋老伯云萬白首家電至第六十四

作閨宮翻曲六首

年年香國鬭霓遲彈遍銀箏十二絲無恙東風依舊月今朝重返舊花天

胡蝶紛紛撲又停眼前景物盡重經不須商略淒涼事舊着衣衫未脫青

江北江南枝孔忘漸漸瑞雲加信護風風不知生耳長如舊未有眉峯又幾又

多情似我定憐香玉淚流斟酒淚深一樣栽培意李二定花不可手包蕭橋

旅逢芳華識之崩年深兩度餅吴臘大扐蘇吕儁吕瓈都天生吕日馬午

記先在尊駐空庵嘗諸佛弟子鳳翎諸秘一篇到本府花前莫肯虎声所

作送窮迎富各一首　送窮詩句云唱羅[illegible]休[illegible]　[illegible]　迎富詩句云[illegible]且[illegible]用[illegible]　[illegible]

十八日甲寅

膝塵樓　心元宵三夜詩一首　心蘭正

十九日乙卯

見申柏龕識金深鎮江儒之人　汪士高甫　汪少湘　王尺來十午去

廿日丙辰

寫詞集二卷　心蘭脫正送正河干

十九日丁巳

在書廊陪三兄　有脫娘歸　早有禑憐大大兄茶　明年秋課竹

虎膝活水為壽事　送三兄歸舟往塩

二十日己未

作七十日艾說　心蘭贶色四器詩携去　步巨印畫一本　汪瀚佳孫下年華

早与大兄陪李殿甫茶話　往賀三兄生日　留於史男

二十一日庚申

作君君既解々賦一首詩四首

二十二日辛酉

鈔詞第十卷一本　星南過我并携示駢文兩首

五弟往視三兄疾　汪雲達寄來篋櫃　二兄遞來手札云病乃

拒臨

結草為船柳心車。嗟君此別意何如。暮或落泊情原厚。青到文章價

已虛。曾擠百年終有畧。鴻愁々唱愁無匹。偶插世上多銅臭。再共吾凰

枉敝廬。

嘗了復辟屋与之壹。毀非筆陳々去紙狂。齊骨竟茲輸清節。指頭應許

借汪陽。無奴了莫作雞鳴。臘頭遺貴無非龍。新場。如今何求從一新。好執報何

了未遇。

二十二日壬戌

抄撮經說又得虞氏說卦一注學不可言 陪母親小睡

閱駢文數十首

二十三日癸亥

向二兄處借通志堂刻經解微集 莫友芝仿唐寫本說文木部箋異一本 千年至物於今當在勝樓之下快也何如

續寄到七種經子本朱一箱共四十八本

書扇面一个

二十四日甲子

九者數之究也宋書曰也九合諸侯即書言諸侯以歸來與糾通無庸破字爲

訓 卅九合諸侯解未見及此 康成轉九合云自柯之明年 公羊傳云自

柯之盟始明與盟通 柯之明年訓爲柯之盟年則諸說紛紜皆可不必 陳心蘭說

抄經學卷一卒 心蘭過我相與東川 夜雨甚大

二十八日乙丑 曉起雨霽未歸

是日遣第三送學報卷來附寄上海 作寓書寄柳兩侍言謝

二十九日丙寅 晴暖

昨託翊南作好伍公書今來書發有書一紙以賜之 林伍仍倩書謝

暮往城下觀角之 聞梆聲星見 新秋蔚秀益開人思

本草鄭箋云此果實相遺者必苞苴之尚書曰厥苞橘柚宋吴仁傑離騷

草木疏謂康成有三物之説殊不可曉

二十八日丁卯 陰雨午晴

心蘭遺送好日傳寄後稿來 抄學堂叢文高齊 計一千言餘字

閱儀禮禮記兩程要 聞蔚如已歸 誦向山塾課先輩用筆固自不凡

連日東塗西抹直是無心得恨恨 閱名儒事略 朱兄晚送糖寶塔

來 今藥王聖誕諸賣藥家皆下陳其宗器以應其時食

陳兆崙宵蘭索餡文云如欲含宵以待晝而夢焉要休即止而含晝以待

宵而精爲要趣此之語正趣懶者之膏肓

二十九日戊辰北風

早詣庄請父親安　午後偕兩弟沐浴　過李府　點爾雅孟子周禮昌注

孫提要　閱白山文及駢體類苑　閱狀元吳魯榜眼文廷式探花吳蔭培

傳臚蕭大猷　六弟午刻出擕出味閒齋四本　李家送蒲艾來

為明日預作端陽景色　安子大文題四个　端陽長至

孟池達可蕭矣

五月初一日己巳　日食戌初刻　衢玉正復員

星南屬其弟送來經史各冊廿二本　孫家傑早去　閱宋翔鳳論語說

義　家人作艾虎以驅邪　寫鹽城信交便舟寄去　午後到店便過

寶山先以聯體語題西園過心蘭畧談　齊至何慕攜署觀救日

過尉如印省庵廷堯伯疾　聞兒在會云後二時寫五十幾名　閱玉星壽聯文韻

有方家俺亂　與星南在土地祠大樹下訪王墨逸子株書可駭

初二日庚午

三兒早去　點漢書十頁　作子曰素隱日記三節題文一首　繞屋樹枝折

試帖云中原荊棘滿退史蒯松居　又書致三兄

初三日辛未 早有暑雨飄風 旋即晴霽

張公蘇公皆于昨日化去 與三兄合作 其有所試矣 至有馬北文二首

點漢書十頁 曹部校對傳畢 大伯父寓還以慧林遊永卿本評那梁

稍庭檢明史記事本末該函二冊一頁 其實不善 快甚 晝寢

燈下閱三藩紀事本末 點騷文三首 閱畢書者

初四日壬申 午後風雨

往米薪雅家弔 語及嚴三先生 寫小字百廿 閱谷應泰明史書法

翻檢說文 三哥來 以聚一月 兩日為無信來渭北江東思念日極

地藏庵後有蒲塘 風景大佳 新秋得雨更益茂

初五日癸酉 夏至 雨陽互見

求志書院寄來詞章卷題兩紙以一紙交心蘭弟輔清

宗璟奏卷云月維仲秋日在端午然則九月吾皆可稱端午矣

心蘭宗兄偕來俠道逍遥遊竟日

初六日甲戌 晚大雨

點漢書十頁 在書肆一日晚食即回

初七日乙亥 陰

朗遠弟生日 至查宅省疾 携來墨生書五本 點漢書五頁

在店聞楊家書道元妥之變 以史惠書寄房姪

初八日丙子　晴陰相半　地潮天暖

陳輔清借去清嘉集三編　點李廣李陵蘇建蘇武列傳　閱儀禮喪服

閱湖南廟畢畫一本　誦騷文之首　鎮來信知青史書亦領到

向見某家出櫬之扇有亞字牌之不解何故今閱儀禮之喪圖乃知即

翣翣也用之者士也四首當年不免驕騃腫背矣　又引柩用功布

五弟西刻至書室

初九日丁丑　甚熱　西風

三兄下午過我　閱文獻通考八卿不在南簿中確為六卿

初十日戊寅　熱如昨　西南風

五弟到店　李姊母五般柏百　三兄往湯府拜壽
　十一月己卯　仍暖
閱通鑑紀事本末　輔清假去清嘉二集　俊民寄來濃五
上海寄到告照三本
　十二日庚辰
早過心蘭便至西堂　飯時聞雨　巳點廣常　信卡以借星南寓　往賀
閱驊傳之柳　豐城遞來三兄子五上海又五月　到收照九本　計壹課壹收畢
矣
　十三日辛巳　稍轉涼

五弟早至京江公所謁帝殿前行禮　點蜀志關張馬黃趙列傳
寫紈扇一柄用曾文正唐本說文書後詩　點駢體文抄　閱詩文
明弟恭弟皆晚飯歸

十四日壬午

李木清早至与三兄往徐家匯　在李府一日　晚与三兄訪申甫兄至城
隍廟聽禮拜兼聽神絃一曲未終黑雲如盖雨將至矣飛步而回趾
未到門而大聲如注　閱國策十篇　為李寫致顧信一函

十五日癸未欲雨不雨

閱周禮春官鄭注　讀國策三本　誦駢文十首　閱乙酉陝西闈墨

格致書院夏課首題圜法次題歷法

十六日甲申暮雨

早詣店請父親安　往弔張家　至西宅祝八伯祖母壽　其三兄過

心蘭書塾携來癸酉墨卷、楊誠齋詩話、諸史拾疑三種

寫姚孟起九成宮一紙　點天官注一卷　閱時文一本　段玉裁尚書

古文撰異一卷　鄒注甫丁母艱

十七日乙酉早晚涼

蚕往李家　點漢書嚴助朱買臣吾丘壽王列傳壽王傳有蘆見宗

廟一語可證郊祀志廣臧之謬　閱前趙後趙前秦後秦諸錄

閱左傳紀事本末五六卷。誦乙酉循天里詩

前令尹文公以府代之，都人士恭撰聯語，寄去思云：

以實心任事，以虛心聽訟，以善意待人，不酷不貪不偏，為民父母；

有儒吏風流，有循吏性情，有清白吏操守，累廉吏累卓吏，願還我使君

右聯不知何人手筆，情致甚佳。惟下聯五累字稍硬，廉吏一語又與上聯

不酷不貪意複。余擬易數字云：可歌可泣可親，還我使君信芳

縣縣留犢

大雅

十八日丙戌　雨

寫小字二百 點周禮天官注畢 讀大戴禮王言至夏小正六篇 閱經籍纂詁駢文類苑序類 誦乙丙浙江墨

千莖素髮 十丈紅塵 西地寒螿 一聲孤雁 白山先生句

大星已隕 餘光尚耿於天 小子幸存 斯文敢墜於地

蒼蒼在鬢 明去雪於我眉 脈脈多情 聽淋鈴於劍閣 倉山先生句

十九日丁亥晴

都天神出巡 早過李府 寫作寄鎮信一緘 崇如心蘭過余小坐 與心蘭觀乙酉墨 心蘭孟覺評語 心動欲去 漢魏叢書八本 乙酉首墨一本 送心蘭至李衙 班大話而別

燈下點嚴安終軍王褒賈捐之列傳 閱前奬錄誦過秦論三篇

昌黎原道一篇起用中庸天命之謂性等語結用孟子由堯舜至於湯等

讀賈誼之刻扶聖爲佛抄文公

二十日戊子晴而涼

點周官一卷大戴禮三篇寫小字一百八十 閱陳奐毛詩音

誦駢文書啓類一大半 閱福建墨卷 星南抄來辭志文會全題

漢學宗其經別子之所自出解 字不若子說 丈夫婦人說

宋學無欲則靜說 何氏極以洪範序之五以下中庸有不循而符者說

詳言之 讀思辨錄前後

史学五学题　至壹学年度作陵申四君题　书史通疑古篇后

问翰林修撰编修检讨原委设官时自何时代进士一甲一名为修

撰次及二甲为编修三甲为检讨在何时

舆地之学　宋以来水辨　云、亭、孜　问易传河出图与书出谷东

序之河图异同以何

词章之学　南村读杨以村庐赋以叶梦得之雨花卫风富贵为韵

拟白居易漫叟诗　周朝阳家解体文　太学石鼓歌

拟以五律[illegible]横之序跋

二十一日己丑　东南风

東亭書[illegible]

偕三兄東行。為耆作信八紙。畢東方朔傳。閱駢體文

二十二日庚寅

詣父親前請安。至西室問疾。檢讀曆年山左徽例　寄松生書

讀鶴藏書畫

二十三日辛卯

與三兄招以蘭甲甫茶聚。作舟不至。觀作八分書與八妹有表諸

生兩書。信守其高才士也。閱秦淮題駢文

二十四日壬辰

閱新科會墨及乙丑鄉墨二本。從星南處假來戊子直墨及乙丑墨

訂文格一本餖抄選　并華蓮桑高已出架

存誠主敬兩儒宗天柱分裁作五峰摩笏兒孫羅列似倚天晴碧

萬古芙蓉

九達之逵天門詄蕩開闔風雲高翱翥罷鶬龜來逕之旌閶闔排雲出岌金

錕合上甚　傳子範詳呂子問文詩也

二十五日癸巳未刻烈風驟雨雷電并作

閱駢文序類及乙丑闈墨　磨墨汁半盞

二十六日甲午

點地官注五頁田千秋諸人列傳閱駢文一本　往徐府拜壽

過李府拜外師　晃昌由都門寄來一函　汪蓮閣來

二十七日乙未

在李府聽樂人賣唱韓湘求仙數闋

二十八日丙申

崇如早來約茶　心蘭送來山海經四本　假去己卯墨録二本

劉肩文之病將不起　午前後大雨　下午由李家歸　涼風習習

聞汪清麒以知縣用　高甫大約進殿

二十九日丁酉　大南風

早過星南便至崇如處　偕往視肩文恙　再過星南處　程蘭田

寄諸騷文一首稚許君敍 請唐請以親安 閱山海經浙江出三天子
都一条 點楊王孫及朱雲列傳 閱文獻通考小學類 誦時文
西溪之西有三家圩夕鄉人醵貲演劇 帀罷趨觀 已而夕陽在山人
影之散亂小舟由海道極楊忽新蘇水者不一其人其中若見洄宕進
赴彼岸餘步從房大笑遊之矣
三十日戊戌仍雨風
蒲大大之仍游往謝 寫小楷言四千字 子大至有朱文二首
至有塔職任一事 改楊生文二首詩四首 讀易察原道原毀諱辯
諸篇 佛橋火之才子文章光詢網如郎心眼冥矛聯之細點紅花開占

說美深如寫世人情史。今云千古才人偏口惺。一般好色總情狂。冰台寄記
頭銜字新失。誰侍時讀者。龍舟云衝開波浪休回首。定有風雷在上頭。樓
爲神錢。遇英隱。隱醉佪眼華花經。閣春云剥殘我筆搖秀覺頭角
森務斬絕。以律腰涅邪子。人擲之中讓容曲。先束倩有志難展。背楊
御甘心肯肩。扇援老邪亭篤留看來。神筆風前抑青郡。

六月初一日己丑 東南風大作 凉

復帝臣信函 上海官生日便函李家 吉齋來信須初五日方啟

迴東 三兄來信云汪穀甫以病未与縣試

初二日庚寅 大風如昨

三兄日十五 往來家雨 金達遇星南即至地藏庵内話

初三日辛丑

寫小字百二十 寫李宅吳信二函

初四日壬寅 悒甚

閲時日堂 上海會有季夏湊季題 月廿七年 秋季實見

經學 漢書同律孔鄭異義說 春秋繁露鄭說 以校數閏論其校數兩傳不同說 鄭公子語字子人公子發字子國說

史學 通鑑不書符瑞論 通鑑不載文人論 兩漢世次紀年考實

元遺山爲崔立碑辨

掌故 本朝進士題名碑原始 鄉會試進呈錄原始 殿試讀卷之名姓相同時 而貫籍異考

輿地 西防解 兵家上下游之說據何爲定 釋氏四洲辨

西士說地圓中儒早有覺之者識以是說

詞章 海外擧皇星賦 以敬海外擧皇星詩爲韻

鍾旭迎福嫁魅圖七言一首 仿長恨歌傳體釋天子侍學

姊子六桂為伊字巳桂為弟字多獅七律一首

母親微受風暑內夾濕氣下午忽覺寒熱服臥龍丹有汗至五更時

熱始退淨腹瀉數次

初五日癸卯 大暖

邀蔣卿士來為母親診 以温通之劑治 吳炳光由真如來滬

到母舅手札云時文不可偏廢 良然之 閱微草堂筆記

早發鎮信一函至陳竹坪 約孫耕遠舅氏家蓮花盛開

每盆約十五六枝憶清明手種此花時不圖為花之至於斯也

初六日甲辰 熱而不酷
母親原方服一帖 五弟以齒痛來到滬 大兄十二午返 內子來歸
閱吹影編四卷 駢文一本 吳木匠來上蓬
初七日乙巳 大暑
早過李府 午後回 心蘭過我 不值 攜去上海課卷 伊學校卷
樓上諸鏡前後皆揭去 恐濕潤或騰挪 漏軌北江
黃麻子前日一看 大王廟前溺斃 遇鬼或病 據蔣師云說不可
治矣
初八日丙午 早晚涼

寄益城信上去　杓林來約茶話　葉母与三兄往看趙寬甫之拝
便道心蘭塾　閱駢文一本　吳木匠掃屋　午後雷西吞
印泥畫沙　四姨母送來花兜兒兩件給与魁官
五弟仍服昨方　聞西街某買砒殞命
初九日丁未
寫張紹南賬餘記畢　跋數語於後　閱左傳記五本及王檢討四書
牘言知改字矣竊之改作攻擊　解案人已有此說　門斗來信索守年
錢与三兄動書一函去後之　晚到居　心蘭過我云書列七卜四字是尤
論衡辨祟篇　伊字作六見涅槃經　四飯後偕星南

如步月卷口　心蘭携去庚寅會墨己丑鄉墨又湖北墨一本

寔如携去第三峰詩三大本

初十日戊申

吉齋昨晚携東華錄往候盤桓一日而挽歸

十一日己酉　微陰不雨

早約趙寬甫茶話有孫師者先之兄　閱唐賢文仙遊借吉齋

寔如往賀　到右請父安　在孫府陪趙寬兄午飯　下午至劉

家候孫　与心蘭還孫在園晤及汪作角又有王作舟及石某

在坐　二兄来信一函

十二月庚戌

早往蔣家拜之也　復煜成信一封　吉齋過我留之鬪葉

蔚如四轎來話　不知何許人手携對子闖然入門吐吐去

桓十四年經鄭伯使其弟語來盟傳稱其字曰子人　襄五年經鄭伯使公子發

來聘傳稱其字曰子國　莊二十八年冬荊伐鄭　襄二十八年以救數陶

二十二年傳稱其救數

十三日辛亥　好雨

午前過吉齋使邀楊林之由高子勇談　閱毛西河經問中有東

門襄仲以巳字爲氏一條足見前輩讀書其精細篤矣

閱蘅華廬賦海

十四日壬子 快雨三陣

早邀星南來觀其芾蓮 攜去經典釋文序錄 詁經精舍文各一本 點梅子真傳 閱壽序 襍體駢文一本 誦時文一首

前數日失去手巾一件 今日無意得之 上海貨亦不知能復飛來否

洪雅存指芬一冊 萬極有趣 亦可不看

陶詩閒閒中看 兩月滿湖 財押月字一聯云 我徊虛聲於小鄭遷

寧君晛侗服章清醫嗶於浮雲徹廢頹飲見服語有色子

十五日之癸丑

代潘祖蔭輓唐廷史云有子孝且廉他年重讀楹書身在九原心亦喜
得朋耆而艾今夕遙從岱巍眼穿千里淚偏多 又与三兄同代鄧
應壹輓聯云烏養許陳情六一先生表墓辭垂風木瀟鯉庭重
問字三三小子冊詩應廢蓼莪篇 晚飯後与三兄踏月訪心
蘭又過 三兄代孫詒經挽聯云蓮界遙尋盟須記世稱烏風日
國僑棄人間世蘭陔歸以壽孝且天賜孝子畢能先到海天帆
桑梓數同心君遂瓊鶴翔翔為耆舊傳 史社嚴表叔挽內心蘭
河閣勞湮眼況餘烏養歸帆來瀋孝廉聯 華山倉猶偕儕
十六日甲寅 午刻急雨一陣

縣官於昨日祈雨下令斷屠 李姑母至 留吉齋以豪

三句半刻去

十七日乙卯

往李府開學 明弟隨去 蘇淋雨讀系維初教首甚堅可為確

訓

十八日丙辰

在塾助吉齋料理一日 紹南談托明日拜大悲懺 晚與吉齋

同榻 縣尹求雨復禁屠宰三日

十九日丁巳

寅刻即起 姑文十周之期第詩經禮 眼依四回 有雨

二十日戊午

早飯後至向之寓 東留來勸先生休息一日 條頌詩之年

即書以歸 黄甚而 還去譯文第詩四年

二十一日己未

早到塾 寫周易之楊閩縣文稿 留刻回 沐浴

應劭漢官儀曰不制之臣相與比周 比周者官聯之屬言小人在位比周

相進與君為讒 賢者之德望君之讒諂之言甚於害也 說與薛

淳東京賦注畢

東亭書屋

立秋　二十二日庚申　東家招飲館甥〻酒易為先生〻饌局

二十三日辛酉

先祖忌辰敬祀如禮　在塾腰及楊腐日夭九兩八錢　素高十張送來

心蘭回我楊去高大偕往彩衣街觀燈　為作舟作轎各一首

二十四日壬戌　熱甚

早約心蘭同至掌文即至蔚文家招之飲羅方回勝不可言哉乎

頗病　晚飯後喝雨

二十五日癸亥　北風頗涼

早到塾聽邪弟以瘧〻痛未來

聖壽

明公先列丈人行碩悳素堪師悔未從珂里執鞭覩御李元禮幫　江標挽

小子忝隨太史氏撝文倘相屬曾且向蓴之門東筆大書陳仲弓碑　唐文治子(?)

愧我小注師分秉乏思瀛年近左彿搭久傍

痛君堅廁頹廢歷度來至漢學排周孔亦無所　蔡(?)吳縣挽唐文

二十六日甲子　涼爽

節　放學後偕棠如過日本南門至縣右街觀燈　求志書院去年九

季課榜出經學取一等第三名又取特等第五第三名今作經學卷取特等

王壽先謂今年第一心蘭史學卷亦取特等　閱研經室集及選舍

數月　讀以下之似遊　廿四日寫對以定當時與原本相校頗多寫字

二十七日乙丑涼甚

辰初到塾 發上海信一函 閱擘經室集 誦時文三首 檢點舊賦稿 興化寄哥來竹榻一張 晚飯後挈兩弟入市觀漁樵耕讀燈 人勢甚擁

二十八日丙寅

閱擘經室集 屬五弟送學程稿與三兄 還里學稿與心蘭

午後陪姑母小俾 朋弟往李東甫家擔專承教學甚早

王吉甫寄如今邀亭子作之看燈之游

二十九日丁卯

午在塾喫韭餅 午後腹痛 下午散學 服午時茶 痛不解 寒熱

又作大瀉數次 通夜未寐 遲明熱始退

三月一日戊辰

邀林[illegible][illegible]來診 云寒暑夾滯 用正氣湯

七月初一日乙巳

李玉清母七十寿 劉蔚[illegible]之家之七 皆未能往 陽中静眠頗爽

閱後漢書訓詁人物國故字 求志經題四之象見去秋在之子翁話

初二日庚午

復邊樓甾諺以雕胛導濕汜 父親晚往東攏家看蓮花

孝齋家請江四先生 縣課題擬射策三篇未能作

非晚心蘭常如來閱詩述陳某挽曾龍侯聯句云

文臣在天[illegible]隱憂時局[illegible]蜀圍甚於[illegible]待之補之[illegible]從海外歸楼鄰[illegible]

慮中相相同[illegible]

不才之語若少知識渾然忘一概更誰所知而悟者利柄語謂

呼下走者之謂

初三日辛未

神氣漸復。三兄晚坐，閱經解說文一種。晚接陳竹坪信，知

秋舲子史課眉目，由張漁卿、吳兆麟二公取去寄出。

初四日壬申　發吳信，託購蘇浙二局所刻書籍

早招小園來，臨寫一通，與吳五公以圍棋去。夜子棣之來。

天氣地氣說見曾子留子　沐浴　吳三兄以程樸留扇屬寫

初五日癸酉

到聲勝力甚之　柳文五子課詞章書畢

壽裔兄至余家擬勸余稍息一二日答以屆存已去也

初六日甲戌

寫程楷百二扇子腕力大不如前　柳書畢　補十歲八歲稿

閱困學紀聞左氏一種　圜驛文三首

初七日乙亥　晚飯後雨

閱困學紀聞公羊穀梁之部　孫師屬閱漆滙小友會

課書題為則何以異於哉至人雖嫁至郭僅有人生逢能肯

題神絛切不當兮至甚者搬弄至一二處曲、枝幾如肯董居

自叙年歷獻人能聞吳該學以模將圖詳通者子〻西肇
泰〻好李〻岩先生　逢瞻張西藏先生合印述臣伊先隱卿
心植到四孖卷一本　膏火尚未齊半之乚
初八日丙子　雨
早到店　父親有諭　五弟生日　吉〻齋兄來賀留之脾
蒙來到藝　見之去　寫團扇之稿
初九日丁丑
批閱楊生文三首　臨碣册碑影　心蘭〻二字条屬書
申甫午後過我　吉齋往張府拜〻之一日未歸家

初十日戊寅

内子肝胃痛甚 邀楚之三丈来診 以散结疏注 在家喫吉斋送来羹肉 午後復到塾 写心简条幅

十一日己卯

仍邀楚丈診 内人生日 吉斋完也墳至 叶光鎔琳之来 諸問往孙家三姑娘 晚至之留住

十二日庚辰

早挈朗琳两弟到塾 王蔡雨孝渰每每而西 遇蒋祐民也 获至至云 閲明弟文 下午放学 邀柳泽如来视周子恙

十三日辛巳 夜大雨

吉齋招至俞館茶話 午刻由塾回 偕周子至浣花草堂就海鷗先生診 父親來家 姑母亦至 午後訪泓 興化回信來云諸購之古董以辨真贗 誦芬孝廉蒼口橋畫店看浣岳寫聽渡圖一幅頗精妙 至又萬家祿鋪見周子壽寫生四幅亦佳

十四日壬午 下午大雨

閱明弟文 在塾寫白摺一紙

十五日癸未 教學一日

周子仍往海寓談 至劉府拜五七 偕吉齋往吉安黃

到省請父親安　午刻祀先大兄三兄皆至吉齋亦至
午後偕吉齋寰如到塾小酌
十六日甲申
早至張府拜三七　晤及心蘭　再言兩兄與心蘭同回暢話
閱竟　小長課所藏手身之句　一年容易又秋風
十七日乙酉
早晤吉齋到店　在店吃麵　往杜家取藥　海甫猶未起
吉齋邀余坐舟到塾　改明第文一首　閱周學紀周評語
十八日丙戌

邀陳宣蔣楚子茶　抄詩墨一首　閱周學經閱　自世南借來陔以述閱周

官游齋曲跋各一本　三尾樓全書雲瓦經見示

十九日丁亥　大雨　一日北風甚涼

未到塾　明弟小恙　青齋同安九弟至　午後與五弟子游園

聽書　青齋同以每夜須強

二十日戊子

早往府前市　旋即到塾　明弟未愈　孫君象來云上海吉屯已青

青齋子帆同到　寫二首俾　閱戊子墨

二十一日己丑

劉府有邀余兄弟襄禮之說 陳東樵換約 抄文一篇

往丁師家拜生日 崇如過我 明之弟猶未至 晚崇如復至摟

去閱微草堂筆記二本 嗇翁以風寒未愈 辭命王有富

到鎮

二十二日庚寅

早到店請父親安 發坤信一函由培轉寄 歸臣閱梓十首

出京 三兄與王厚甫閱其店 過星南書塾 假來金源紀事詩

閱金源紀事詩一卷 又錄得物吳文之二十首 燈下復閱金源紀事詩一

卷 摘詩語中戒早用筆出考二條 昭要之至

二十三日辛卯

屬五弟送佩文韻府一本至三兄處　閱王五副墨　過萬家裱鋪觀百馬圖　明遠作邀林之文診之温榭吾家欲以趙鞠淡　岩興信之去并附去蘇子山藥等件　洗硯

朝非朝兮市非市生非生兮死非死道旁見者淚不止云是南朝舊天子嗚呼當前鸂鶒歌頭恨之牽世如何樵宮乘馬並北去凄涼滿目宋山河一城一笑淚如霰青衣去拜郭元殿夢中長嶽驛道遠夢醒錦繡耕人亂表熱淚字裡排斥衣去垢煙火塵埋幽怨三百一篇朋雨月一篇華亦値

詠錄每圖胥懷　錄湯賓將青衣行

二十四日壬辰

腹痛表熱 林三丈來診 以倉廩湯加減 未到塾

二十五日癸巳

原方一帖 腹中稍清爽 閱金源紀事詩 平平

二十六日甲午

蔚如邀往陪祭 今日演禮 十二家 偕星南窗如去 晚回

二十七日乙未

見戴道淮扇面畫三山圖甚精 偶效為之 畧得其概 作金焦對峙形 頗自得 偕三兄往棲三丈之家

二十八日丙申
早往蔚兒家禹于山陰祭三獻禮畢已及初更膝際疼痛非
常
二十九日丁酉
假休一月 禹臣自京回早過我錫語 晏竹之雨輿至 與心蘭
室女至劉府奠雅便邀禹臣晚飯以回禹先示我以西嶽華
山碑並述在晁東洋女子友高家侯趙某之女侯四羅瑞君至浣小玉
云人可為之主考

八月初一日戊戌

閲孫淵如洪北江兩先生事畧 寫困學紀聞以諸皆有所本一段

三兄來執閒談放學以同回過星南不值 聞孫師有疾

初二日己亥

父命到店 寫扇一柄 午刻到泰和午飯 午後與三兄至三昧寺處

閣登古空棺大談錢王孫洪而今安在 縣課題子曰色厲而內荏四章

徐揚城郭是揚州 七點半鐘擱作文至八點半鐘成并詩一首

聞科考二十取齊之信

初三日庚子

毓琳來月　早到塾抄昨看日戲作　以其題如日月之食焉文一首計二

十比，極有趣，兩者皆託五弟交去。下午与三兄謁丁師，傳遍捷

者不遇。讀時文二篇。

初四日辛丑

心蘭送我鶴話，述其所作振書院文目之非，言極以宋本帖重雕遣

書至晚不家食。其刺在北門，竭力愛好，投之其書上，節之又補。

不言出禁律食期矣。熟時文二篇，寫字二十點鐘光

傳誦勝文五首。四還至日罷，至心蘭之家，借其留過寓處。

大學字精文而不已。与三兄在后院晚飯。

初四日 壬寅

擬呈文二首 囑孫府駢雅草 計八百餘字 誦駢文六首

閱金源紀事詩畢 崔立功德碑元遺山不自言冤矣

途晤祝申甫至述前日書院作 過石十間談 二兄寄來手信

一書 鍾廣大鶴真西山書源似所揶揄

初五日 癸卯

熟讀文二首 閱駢文十首 王衍梅與更生居士燈下閱記一篇極好

晚與三兄星南兄至孫府閑談便至三昧寺見方丈狂談和尚

僧僅我三人○○○○○至哥姬頰有一月○○○○ 存在晚飯 南兄寫聯送我

去年求壽序大姓某已見五卷端雲　雨臣贈我墨盒等件

初七日甲辰

熟讀文二首　閱駢體十篇　對字求志居課藝稿　晚閱吳氏易文

星南送來辨志文稿託明弟抄之　晚月色頗好

初八日乙巳

早與三兄過雪臣閒話　晤及卿師　祝季府十七大壽

晚晤作舟　閱王西莊錢曉徵兩先生事略

初九日丙午

寫小字百二十　熟讀三篇　三兄過我　雨臣還來書籍二十四本

初十日丁未

香林宅邀甫先、星先、吉先午飯　過星南塾中　飯後與星南[illegible]

至甫先家閒談　與化齋來吾以保近思錄讀書程[illegible]各一

十一日戊申

到塾授學　隨大伯父至如意館茶，使背壽子為畫也　晚畢後

寄來手書二封，一致申譜　過祝申甫將往京，便至徐家閒談

十二日己酉

檢點行裝　過吉宅賀二弟生日　到店以[illegible]訂會館[illegible]

見東行，逢[illegible]靈昼楼文便邀至曲江池沐浴

十二日庚戌

早五時至府道上送客摇午飯之登舟開行至黄村宿月小风至

十三日辛亥

晚飯後寫致大伯函更時務有件

十四日壬子

早五時四十分麗午至揚州 雲林卿以伊弟病故未能前行 晚午時蒙未能飯、 月色甚好

十五日癸丑

早至斷爽過五里食 午後渡江泊皇華亭

三兒進城一走

十七日甲寅

由鎮開船順風酉刻抵金壇進城覓寓太常卿巷湯宅時晏未進

寓

十八日乙卯

早在膳部堂茶罷旋進寓對屋聶丁建成趙海樓洪公璟及劉子

耕蔡禹言　晚飯小半碗　疾發甚不能熟寐

十九日丙辰

謁吾師尚書　狂雨人唐月川姓宮方穎　吳十六文　晴由先生送至

丁濟山過我顧生事揖　星河李氏星仲茶　三元至刻寫小冊

覃沽維利而歸

二十日丁巳

是日承齋學憲未到　汪雲逵過我　往日馬坊

劉子耕沏茶　午刻陪朱清先生候吳書角

黃信一封　寫扇子兩柄　陳希角書我菊亭希角

三印色研美小幅　与三哥往東院一游

夜半伺候　吃飯半碗

二十一日戊午

書扇面一付　午後自三元四條頂雲逵來邀錫子渺先生

茶　丹桂稗房陳吳連乎以書請增價賠荷被之寒

吃飯一碗　風疹未痊　過訪八先生寓不值　過子錢琳寓

閱字宣今日方整篇

廿二日己未

訪劉子耕葉　雲之學子游保單計三老名寫小字五十

過子渺琳寓

二十三日庚申

子雲午後整理寓所

二十四日 辛酉

学宫谒庙，随班讲书。

二十五日 壬戌

生质须出。赵见楼上 鸿飞天育，松之先招相 余小弟兄一圆，为吴

青丞门口，业已开闭，怅然而返。东西居然里吞青饭者

余行见而东西道逢人何！ 寂历孙松款晚也

二十六日 癸亥

子正出逍遥。又题照后，翁摩豪而达之，对寿阳友陈寓，

候请 内阁世叔 敬默 圣谕 马豪 豪

駐防 湯使遺之牛羊 府學 湯使奄羅往方之耕

丹徒 駐防廢扎海關石路之 溧陽存王府共一股

金壇存扎王府共一股

二十七日甲子

四鼓童古印綬赴撫門候點 秋夕聞新雁 雁聲初到荻花洲

青塔蓬蒿隆邪紅 今日書二十條結 遇吳書宮蒿王留二處

稚祖來函詩屈之㶊祖扎四月初十往去舊祖此之缺受傳不解り

動并函及誥之上上 新此與往浣參以菜家之見約趙私密

尋學文等往州呈投余因前之南守若等營恐高爾光有人

窗友一年辛苦我了然今之畫稿不白不謂奇也 崇尚古乎

二十六日乙丑

畫稿畢 閱困學紀聞十頁 過姜子澄錢脩甫巨川

丹徒童正文題詩云 他人已心至此心 殺其麋鹿共之可

詩饒婷俊秋吟 願童七八月之間日千五滿千兩餘同

古以子蔚桑詞手僅次取十二名 其正取史學二名 經學五名 其學皆

未取亦一大奇也 王君蔚先次取第一

二十九日丙寅

雲復生古題 郵所漢人瑪烟語燈小題為讀 一月寒萬花

補叢記 吾未見剛者 渊同少日年陶 蒼南擔一書

約子陵訪茶坐未去 程鄭卿於前日病去矣

二十日丁卯

五更不寐 擁被讀夢卿聯句云 鉤河擲汜一儒生 報吾卿 某去年

英自愁文史三冬 未落風流先讓我 江夏卿雅兩宗匠 記小下箸向

未仕趁聽雨樓 玩月 前花騎鄰正當君 丹陽之重正題詩於壁上

王詩摘之 未到七言 未見以札出其書 一筆蘇字在昔第二三篇

見第二 午前過王家 雖月尚可不過多矣 早晴秋茶

寫扇子十餘柄 閱國子監同朝則 汪雲遠唐月川送詩

言書右包皆一書

九月初一日戊辰

五更即赴進院復試 文題：日月或使之至焉能使予不遇哉

詩題：水荇痕留江草節 得揚字 覺老抄保理并描詞音朗潤第

稱詩穩雅文中有雜焉每牛一句閱此竟不解加以半圈

初二日己巳

同寓四人投謁 丁雅南 陳硯農 劉潔卿 劉春英 均日依其二句古之人所以至向已矣

初三日庚午

發家信一封 坛潭正陽 發丹陽投牌 計七人 丹陽周榮貴

同寓七人皆捷如數 斯有不忍人之政矣 予則不忍人之政 以母之心 至 以母之命

初四日辛未

蔡〻以辰正即進學候邦著臣棨　遇曹友白俞少玉嚴紉安

丹陽提覆天下之達尊三君子真爰道不真爰貿　午後丹陽舉案共學

名余派保計三人蔣冀吉殷聘〻貢六五貢某以得北改名六奇矣

金壇提六十六名　劉小倉山文

初五日壬申

優生到場共三人周光高林〻祺潤山　金振鐸霑　晚約吳子松飲

午後過壽巖　往林曉角寓以道喜　雅甫日不要君〻問優生題

初六日癸酉

溧陽捏霞 汪電達北京 吳素若函我

初七日甲戌

寫扇子五柄 頁冊錄卅 寫中堂陳景濤了還臣兩公進湯 贵孫之佑

天下公事，皆用至公之心，亦只用村耕耳 晨，晨與同鄉離菊花

孝之塢優 北原午亭來 為其補殿元刷結 晚飯以玉郎為菜

歸萬集之部 陳硯農請帖，以婚嫁來 吳君若以對聯屬書

達膳子郎春姊 早與賀子貞書東語

李鏡蓉屬稽之蒿閒時對之以兼宗詩稿

初八日乙亥

新生揭霞 楊岑甫招 邦彥進瑒樓老子 寫扇面二十

霞識朵雲 余上一名 [illegible]鐘未動 惠子呈志

初九日 雨

新生揭杯 進瑒樓 老日今日已謀打昨日 登高

陳府晚酒 至沁芳園吃茶 購洋明一部

初十日 晴

辰刻但阮頤之姿 午刻趕馬 一兵東去 直聲 把東之家 邀大哥

閭戲之鶯 老才 休駛 殊屬可駭 晚泊丹陽

十一日 戊寅

由丹陽〻至鎮江西門橋，日已瞑矣。微雨淅瀝。寓泰來老棧。

十二日乙卯

劉春芙約茶。偕〻三兄過恒怡，晤端鎬丈。往同利同會潘蘅湘。

午後與三兄觀劇。

十三日庚辰

鎬丈約至迎春小坐。三兄進城。在寓寫宮扇一柄。證〻世卿偕宮兄邀至恒怡，與張〻園甚〻、蔡子貞同去。

十四日辛巳

金卷〻日人家爭祀錢神，爲三兄約茶。偶閱紅樓夢一二則。

至閘，筆亦不易得。聞勳剛、龍侯、雲槻以至京口，月上時與崇兄

劉峙秋等江干小步。

十五日壬午

午初放船至金山河口住。

十六日癸未

曉刻渡江，午後抵揚州。　李雨清進城。

十七日甲申

由揚閘至真武廟。

十八日乙酉

午正開舟西風大作放山到家計今日行百八十餘里到家人平安

十九日丙戌

早到唐請父安訪子赤宅謁二伯父便詣梁師返唐日皆不值午刻

東門西書肆買某某十二太太之病近日稍轉未齋未出門

午後與臣過我曲江池沐浴母舅霞翁有來子書十餘種燈下閱

之不諫狂書

二十日丁亥

檢點書籍王安過我讀曾公神道碑與臣招飲坐有星南

偏雲伯鴻宗叶與兄俯去曹文集三本漢史方家十本

阅柳口治工部告慎幸极议多人未致或哭 过星南寓熟坐谈别
惘

二十日戊子

早与三兄五弟过古斋 索语怪及孙师 到店午饭 鹧鸪 鹏归

写复世勇信一 寄日致三兄一缄 两兄复偕去河庄史禄打十二本禄著

诵文选二本

二十一日己丑

吉斋过还聚一日 阅曾公日记数则 三兄邢去尔雅三本

星南视余 三兄至 携去读书录四本 又携去春秋二本

到店梧术來索去年日課少卷　徐明去矣

二十三日辛卯　自此以下日干皆誤

早訪趙之為婦丈茶話　到蘭閣學　星南守日過蘭閣譜

讀放翁詩並義山詩各二十首

二十四日壬辰

早訪星南寓久茶話　韓擬府小七　大伯又二兩晚飯於橋三詩

在津陪王臨川詩雜記下文册　閱臨局三首　楊軒陪射

三兄王府東萬處稿二本

二十五日癸巳

立冬節　往道海山舍子書　借陶兄錦集呈元毛詩
點寫書五頁　回聯孜　寫小字半開一張　訪碑　陶民伯鴻函
我　點蘇文抄五首　誦王風毛傳

二十六日甲午

小雨　寫白摺半頁　誦鄭風毛傳　閱曾公日記
適館鄭箋即今諸盧也　讀洪更生與錢季木論友一篇學問
性情並寫已盡　不誑語不妄起　文正進學之始基　見人文不佳
强作贊語此風已久可歎　連日家間頗有閒話殊為悶悶

二十七日乙未

臨皇甫碑九十六字　誦齊風毛傳　寫白摺半開　點老子

跋文一首　戈伯鴻招晚飲　坐有星南　霓臣　陸雲衢　袁表秦董火

三兄生日　晚接甓城來信

二十八日丙申

重讀華山碑　欣快竟日　寫小字半頁　大字半頁　誦魏風唐

風　點老子下卷畢　跋乃輝詩　孰謂殿生高直　題乃輝竟

洋洋千數百言　雖唐未盡善　晚飯頗能下嚥　三兄以偕去曾

文正奏議之本　陽明時之首春陰泉氣未和

關雎之應實無麟而名麟之瑞　春秋之作實有麟而非麟之時

後漢皇甫規見鴈門守問卿前在郡食鴈美乎

二十九日丁酉

北風小雨甚涼 傷風未赴塾 臨華山碑四十字 下午頭目不甚清爽

早睡 午前改子久文一首 三兄假去曾奏議八本 連前共十本

十月初一日戊戌

讀國風毛氏故訓傳 點韓文 剃頭 圭齋寓安飯後來留聚半日 劉春芙謝客 東台縣試頭場 遠之事君至草夫子之得邦家者

初二日己亥

詩召南箋既覯已昏世日止覯構構通 寫小字半開 晚接二兄廿六日信 改事上位律文一首

初三日庚子

寫小字半開 點趙充國傳 閱文心雕龍 讀召南畢

高句驪國出三尺馬即果下也　康臣寄還曾集草本

晚至蘇州家小聚　星南秀臣月川棠如鶴談至十點鐘各散

籠燈而歸　汪逸秋之縣試文完卷送

初四日辛丑

早往賀陳硯卿不晤　至蘇家中　蔚之先生留飯一杯

晚與三兄在壽六家吃飯　三兄之棧去賣藥如本

初五日壬寅

點本書以資傳　早偕康臣至南宮氏茶園小坐　偕康兄去看灤陰五景

詩十之本　寫小字課　歸雲新開市　至兩點去

初六日癸卯

點漢書半本　徐三七往拜　過雨田不值云往西岳矣

燈下讀漢曾公古文三本

初七日甲辰

早到店請　父親安　點漢書游俠傳　從孫師至縣署不列看榜

板橋自謂表書師　先曾祖恩科公別字號牂　今讀杜甫選鄭虔

詩云酒闌常稱表西師　蘇東坡詩得聽讀樣隨赤驥去電飛奔

不容攀手乃知前人立名取意皆有自來須非東塗西抹

讀韓文六首臨華山碑四十字

翁師撫叙山云：和庭睹有婆娑樹，九月詎聞道刻花，運如清切異常。

初八日乙巳

點閱如侍上方　往看丁師疾

初九日丙午

三兄偕子硯農兄及厚山小園茶話　再視丁師疾稍愈

點閱如侍下　燈下選西南事詩　四妹周忌未克往

初十日丁未

五弟早往三牌寺觀拜懺　雨窗寫心蘭　訪君子蕖園

錫侯點西域傳外戚傳 晚點蔣宣哲傳至子正始睡

十一日戊申 小雪

三兄至李府稗聚逗遛一日 早發瑩城奉明信各一封

家祿林申瑩城函

十二日己酉

點漢書二十頁

十三日庚戌

點衛霍等傳

十四日辛亥

星南過我，携去周禮、禮記、公羊注疏。候伯鴻不值。

十五日壬子

與吉齋、心蘭茶。點佞幸傳。

十六日癸丑

點司馬相如傳。心蘭撰輯漢書中顏氏說論語處成書一編。

十七日甲寅

陰雨未到館。補點張耳陳餘列傳。

十八日乙卯

點王子侯表、項羽傳。帝臣過我，畧談子書之趣。

十九日丙辰

點五行志　天氣甚寒

二十日丁巳

點漢書卒業　溯自戊子冬月始事　歷三寒暑而功成　精勤若斯

韓子豈欺我哉

漢書跋語

余以乾隆甲寅六月點閱此書　未幾南旋　書留京師　越嘉慶庚申予復詣京　乃卒業焉　其本紀列傳自第一至卅六　前所點也　用朱黃別異　其表志列傳三十九以下　即所點也　無黃筆　體例亦不依畫一也　惠言

聖祖

右張先生評點漢書。嘉慶丙子孟冬錄於和丈齋 吳育記

右照惠定宇先生批本用墨筆謹臨一過，其未批則又以毗陵張先生之所評而錄之也 此本不著誰何，疑即趙粒生先生筆也

此趙子粒家之藏本，可其以予人。粒生先生司鐸鎮洋時所手錄也。光緒甲申秋日假歸錄之，純用墨筆，凡張先生說冠以張曰二字 以珣

出載以珣先生手錄本，壙以光緒丙戌年日精做錄之，亦純用墨筆也 壙識

有言曰學子貴初有決定不移之志，中有勇猛精進之心，末有堅貞永固之力

二十日戊午

讀曾公古文 閱文心雕龍

二十二日乙未

放學一日 在西宅午飯 早與心蘭茶蓀蔚如適箸人來邀遐庵同往

茶園 遇蔚如談神嘯命理 蔚爲余排第八字

往藕香榭視姚太太疾 午回西宅 邀心蔚諸君至日樓雨過

二十三日庚乙未 以上日幹皆錯

早與星南南賀惟謂泉芸生喜 並祝貴丈七十 從禹言處借得殿本

漢書五本

二十四日庚申

堂屋掃灑 爲吉吉喬斟酌母病求仙語 作挽楊三詩

二十五日 辛酉

在李宅白樓扶乩 三兄上乩 據云是華祖降壇 開方當不離經

二十六日 壬戌 大雪

昨晚李宅席中痛飲 遂步至船東升弗戈 心蘭書五函還

逢晤芸蔚兄 兄昨宵來申報本志在課者案史學卷取

超等第一 經學一等 詞章特等 星南學校亦超等第一 經學亦同

下午爲自遁手鴨語樓去內經十本 三兄及蔚心借來閱讀

晚屬朋遠至程蘭丈家取通鑑四套

二十七日 癸亥

以笛之阿咸芹喜早往賀　作通鑑評議一篇　約卅条缺正

星南

二十八日甲子

二伯父大人壽辰早往萃禧至兆寓祝嘏　抄秋季史略竟

十餘頁　此書是與一蘭合作　託明弟抄去課竟

二十九日乙丑

姚二嬸母至　抄史略竟自早至夜

三十日丙寅

寄上海農件　交福興酒局

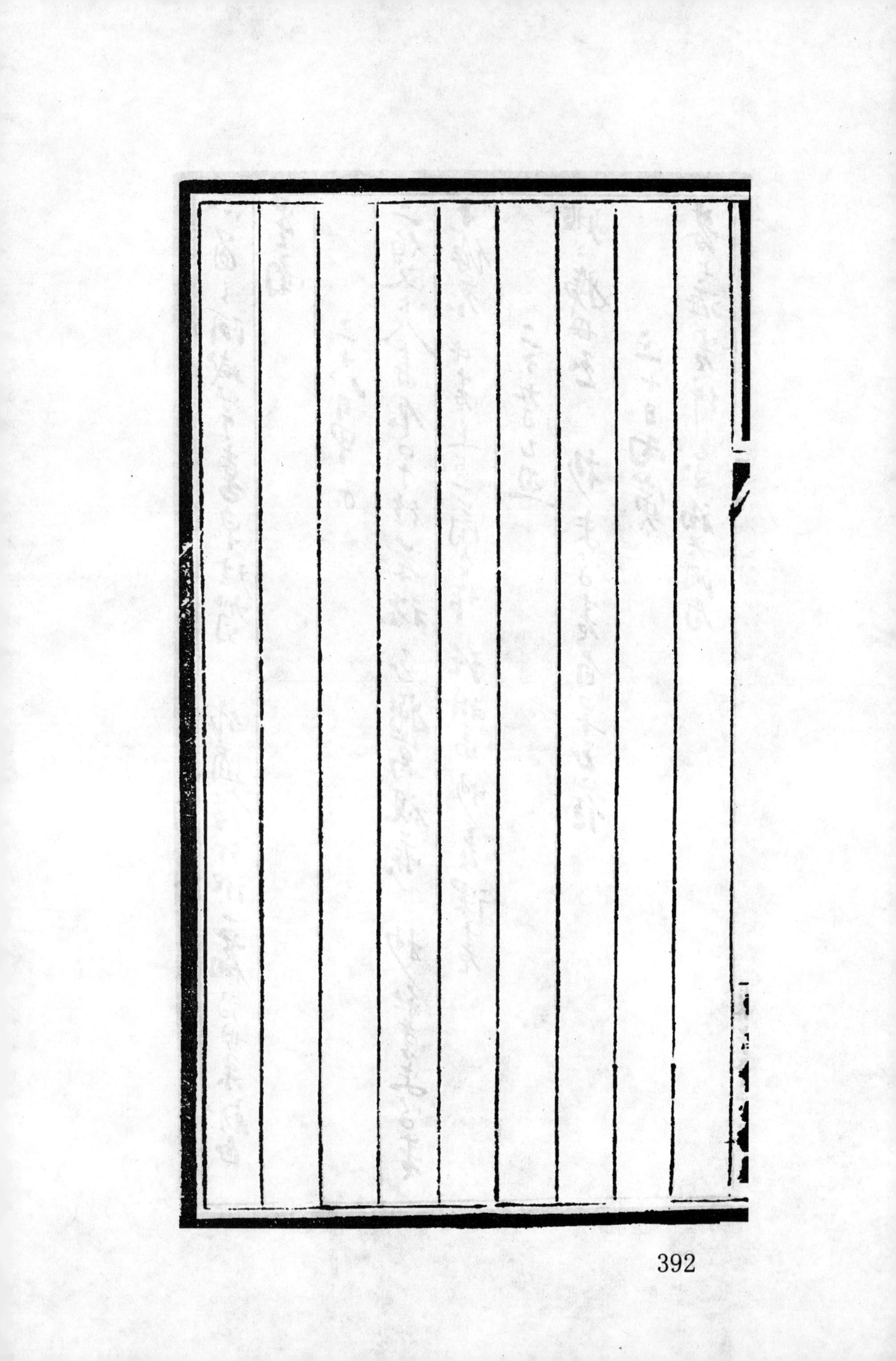

十一月建戊子　初一日丁卯

昭明第詩三首　閲文心雕龍　屬明遠送來課卷二本并附四四兒第五六首家　託其轉致石首伯領賞矣　借來浦氏史通六本

閲通鑑中攷異數十則　讀書雜志訂其訛誤頗不乏也

初二日戊辰

偕蔵以筆以東門　視孝子十二太太疾　見莘甫所開方引經論痘大旨孟河家法　午後忽覺頭痛且畏寒　急放學回服防風表根湯

初三日己巳

頭仍痛，開十二太太，夜酒十餘次，往東問安，又受風寒，頭痛
難禁。
初四日庚子午
傷風猶在，料理堂屋及書房，備明日請客。初五日是
父大人壽辰，做五六兩日小作餘送。閱宋通三本
初五日辛丑未
請駿甫、蘭孫師及孝高、穫之、挺之午飲，天氣甚和
初六日壬寅申
亮昨晚相家擾話甚樂，請安一日。父大人在李府

午刻往東李翰壽　至陳處仁賀壽　壽翁之弟合巹
初七日琛卿去
父大人壽辰虔祝如禮　本年五十修任　予趨之集
初八日甲辰　戌
至李府拜岳以通忘　膝痛不可當　休息半日　寫謝壽帖
初九日乙巳　彡
父大人在家午飯　偕請李姑母　燒鴨并蓮子送丁師
午後偕步至西室道談不記別　以蘭晚至留謝
楊村蘭丹天二十席　兄自莫城回來者　晚至留觀

之大快 内有研香祖郭亨甫兰池雁北山长河房青莲诸名

笔 吴南樵去植瑞谭之三本 又申报一本

种菊仙一盆

初十日丙子

廉臣过 舍侄归补祝礼而去 默吴孙硕云讨逆两传

分部书籍 吉翁午前至 西宅请安 以膝痛未往

十一日丁丑 冬至

蔡万言约茶坐青山萬宙光 兰畦先生以秋太眉孙师

祝之云 称觞适合庚寅岁 编集重题甲子年

為星南構壽蘭文聯句呈秋谷仁伯兄裁

早歲共登龍。謬忝君和鉢能傳。派衍臨川宏著作。

良辰齊奉壽觴。百子萊衣戲舞。歡騰洛社會耆英。

心蘭云此聯不出前三名

雨。自招飲。上客為吳蔚甫、楊莘甫，日晏始散。西李府

問疾。　唐虞。成周。泰和。可鑑。莊。騷。太。史。其。寫。成家。

右一首擬贈吳小農由也

十二日戊申晴。　演

遲明聞季十二太太垂危之信，急起往視，至晚歸

書壽聯兩付　東風榭壯圖刻朱慎

益源、藝、拓、章、家、卯　極、鵬、鏡、秋、子、金、鎔　壽蘭雅芳生日

十三日己卯　卯

申刻李子十二李侶樵往慰晚餘四回

十四日庚辰　辰

黎明往祝蘭雅先生壽　即至李府候駐

十五日辛巳　巳

午刻至徐府拜壽　程蘭丈招飲　偕以蘭往　蘭甫先到

十六日壬午　午

和煦似三月天 午後沐浴 作[illegible]試帖二首

其膾膜如五味參和合一樣酏薑蘆酺糟醃層至煮海小虎

河豚腊浪湖無鹽鏡影漁歸以一日食異果參半雜鹽至

倉頡羣鴉有趣匙篇華經調鼎譯云云 未貼

非在月亭尚見席旦以蘭駿門雨來 招余及二兄 升廣濟樓

月小第五城見[illegible]談天下事 席上擬作洋務大臣表

十七日癸丑 未

東邑李府晚回

十八日甲寅 申

來偕三兄至丁師處拔羌 午刻至李子二家 薄暮歸

三哥至楊恭甫家晚飯 天甚寒

十九日乙卯 雨

早至李子府晤以蘭託其裱挽聯三付 寫屏條一幅

燈下閱通鑑陳紀十頁

二十日丙辰 成

理錢生書 試烏絲 廣韓體 祖年

二十一日丁巳 陰

在李家寫訃籤三百餘事

二十二日戊午 晴

閱曾公日記 閱李肖光所輯通三門 理錢生書

二十三日己未 晴

早至李家與以南宮之共寫挽聯 閱江永輯昭在黃吳諸作

前不數日上海播之大隊七八万人與揚桐伊出至天之廢兩事字

晚與以南宮之遊席間語學問經濟者當從大處著眼

今日作一詐語中似皇皇焉不適自欺欺人日亦亦有

二十四日 庚申 寅

早理錢七書 午後偕二兄東行 晚飯回田

二十五日 辛酉 卯

招左泉兄茶話 二兄明甫俱在坐 星帆弟李寄家書撰挽句

在李家帮理 百忙的人前歸

二十六日 壬戌 辰

李府二七即正即往上燈以隱 迎卿二兄赴徐家候廷

孫師述挑花詞怪他去所竟如許詞中事別遐也無 又寅

林字亦可作斜，斜日斜三字用要生平傳乃極活　前詩課者

二首出　昭明第詩在第二　紫簫列女亭賦第也

二十七日癸亥　已

點曾習記下卷　補作冰壺先生傳未成　讀蘇詩三首

二十八日甲子　雨午　過戈仲鴻

二十九日乙丑　未

作葉戲詩寄石語　冰壺先生傳

又作詩課卷一本

初四日 辛丑

寄長沙縣水諸陳 寫詩課卷交至丁師寓 唐臣遣我

初五日 壬寅

早到二兄處請父大人安 即至東再莅請伯父安 與三兄遇以蘭處

自兩寓 送三兄至河干 大西南風到盧嶼甚順 晚與三兄

吹請仙師前大師母請安 寫李少蘅告期浮戲了

初六日 癸卯 晴

早發益城信一封 張冰臣承寄去史通七部

初九日甲戌　連於信函云　夜因文已竣

初十日乙亥　辰

恭和謝神　今日放學　隨叔師往賀叢香樓壽

午後與德甫閒談　過蘭畦先生論詩　過雨臣小坐

十一日丙子　雨

李家四弟內艱　在彼助理　晚後始回

十二日丁丑　午

陳竹平四遂來借去集一本　并述詩課是試已居第一

與二兄語丁師擬詩課須息　是晚李家拜場

高雅吾人至李森宗開戰勢甚洶洶譯人論說暫去

十六日

李家國吊黎明往午後陪黎燕謹亢晚飯回　住家寓

十七日

天未明偕三兒趕程送夏子良公青雨雪甚寒以不能待

急而返　在李中飯料理還物等事

十八日

李家再往辭行一夜未睡

十九日甲寅

書頌江、楚城信 手二十七 在西窗午飯

二十三日戊午

發丹陽信一封 與張佩蘭 詒代韋氏報丁艱 譯一元連赴服費 石內

午後到唐印過西窗 讀韓文三首 送儀寵至十一點

鐘時始睡 朋遠弟今早回興

二十四日乙未

檢點書屋各件 星南過我 携來義課史卷十本 抉皮裹之書

製衣冠中之錦 金石聲摩 派波濤吻躍 非浸淫於漢魏且不辨

東漢萬篇在餘集 星南卷之一 朝宗文千秋凝錦藐藐 雲光非文

孝集乃未莫屬也 午後偕芝蘭過西宅 旋及修民弟居 肆甫

三君据云芸尉如已歸 到居請 父親安

二十五日庚申

二伯父肯七三妹寺大悲懺 晚觀音堂和尚大班燄口 早過西宅

在居寫李聯帳簿 面飯後回 戴子存倫母夫人仙逝

二十六日辛酉

立春節 分司及兩場郊迎 早往戴府慰時 風雨甚驟 幾不

能張蓋 至李府有狀母疾 陳府送來糉糕兩事

郁居遣价送來糕團四事 讀曾氏古文三首

燈下誦香山新樂府 二兄寄來手信一封

到店請 父親安 東過筠文問善後事 曾祖母週忌

二十七日壬戌

今日東西兩門不覺偏氣飯罷地下滲濕小臥片時服青果茶

稍愈 晚詠酬神 書送高奴還馬通鑑即贈以為稍

粽延齡糕 燒燭閱晋畧一卷

二十八日癸亥

早飯後沐浴池清渴暖之氣渾然 畢後過子留談云云

日午後自煮香茗 二兄帶來手函廿一之信已收

二十九日甲子

命僕至廣陽書局取地圖畫筆啟一詩云

一幅荊州記備矣而今合浦要還珠珊瑚樹萬里

山河壯將如冥二分殘非圖

到店小住即過吉林巷旋復謁姑師又東至笋

老處閒話　至李府省姑母遂攜回吉花二支一

贈內子　一是魁郎

在店午飯便呼蘇子來雜談良久

光緒辛卯 第四冊

將就齋日記

十七—二十

正月建庚寅　初一日丙寅

晨起祀神　詣堂上大人前叩頭　復詣祖堂行禮　辰正出門

賀節東西廿餘處中刻回　天氣晴而霏雪

夜過半夢見鄉闈題葉公問兩章後注七字云　命在卯午登

雲天　旁注云陳某命屬午　又忽覺身上有水見渴曽二文正

衣冠而來　夢中自解曰此湘洛有靈之謂也　葉湘洛有靈四字是丁亥日記簡端語

初二日丁卯

補賀兩家　西宮二七敬往行禮　晤吾五　晚回　在泰和三飯

寒甚點心皆凍

初三日戊辰

雞鳴即醒擬課格八句云經玩辭子取淹朝漢書夜韓集熟制文日必一寓与作功莫息　擲狀元籌

到泰和午飯　燈下讀韓文數篇與李生翊之書家轉盡致

初四日己巳

至李府祝姑母壽即在彼午飯　房慕泰禹今早之病故

燈下讀韓文五首

初五日庚午

早由泰和至杏林巷候辯挽聯等件午後星南之至晚与之一一商

在店小飲

初六日辛未

發與化相東一封　二兄由塩歸　計行兩日程　吉齋謝孝

在吉宅午飯　飯後與星南過庾臣　值其家有攤錢之局　庾臣令日南風不競　下午偕星南小步城南　晚閱戊子江南墨　劉樹屏不愧作者

初七日壬申

孫師早至　以挽聯屬書　由泰和至吉宅　下午與二兄心蘭東行

剪燭小彈

初八日癸酉　金危日

拜戴府二七　祝丁太師母壽　午刻過杏宅部署一切，亥正始回

初九日甲戌

卯正即起，至西宅謁雲月禮，來拜者五十餘客　覓臣招飲未去

下午陪表浩甫、金泉沐浴　月下吉齋過予細談家事，難哉

初十日乙亥

招蔚如、秉臣、心蘭、伯鴻、俊民、時濤買擲陞官以為樂，三局皆勝

午刻即同過潘安堂為孫師陪客　日稷甫蔚星偕至華王廟

觀劇

十一日丙子　雨止

到塾開學，錢生未來，僅二弟子耳。鈔刻樹屏閣墨一篇

祝由某為嫂母治疾，彷彿若有神異矣。即邀之來，言大伯母一診云

不難愈

十二日丁丑　地氣上升，晚月朦朧，殆將雨矣

早隨堂上兩大人及諸兄弟在杏宅核議家務，因生齒日繁，用

費甚浩，改定章程，限每月若干之數，分三大房，一月之支項都屬

室內。十下鐘歸。六弟今年隨到東和，恐不能讀書矣

十三日戊寅　早刻果雨，天未明時聞雷

原刻到壁抄文一首　湛巖大師借來鄉溪集二本　与李刚主一
書甚言朱子不宜非毀
十四日己卯　仍陰
讀鄉溪古文十首　抄文二篇　直諒多聞益友如是之甚矣　交之不
可不慎也　十蔚如招飲　坐有孙師程文星南用臣諸君　下午過杏宅
閱法華經　即寫信三封　將香須訴言寄去
十五日庚辰　晴
散學　用臣取去讀古文數篇　閱儲六雅原聘趙甌北論地氣篇
子正教學諸大篇　書齋未過午飯未進　代二兄作横岳聯

十六日辛巳

早至西宅拜七路及蔚如虎臣　晚過迓泰和　燈下讀方集

十七日壬午　春雨潚潚

辰初起書挽聯　閱駢體文抄讀望溪書蕴山時文温周南

畢俊民午後來道别

十八日癸未　陰

星南過我媽談　點駢體文抄　誦國朝駢文及經學文編

虎臣下午過予劬予耳精去一切書并加點時文　薄暮爲言日間

過予舍不值

十九日甲申　大風頗寒

午後謁丁師　使託寄竹軒詩　擬作大風歌書以未果

晚閱溝洫志　竇融傳一過

二十日乙酉　晴和

請孫師星南　庚臣　蔚如　吉齋午飯　盧楚僧適至　邀留飲焉

讀晉書表序

二十一日丙戌

先伯妣十周忌辰　早詣西宅行禮　午刻赴星南之招

丁師借庚寅會墨　己丑鄉墨一閱

二十二日丁亥

早往戴府拜四七　吉齋邀午飯　乃煇赴杭晚偕下雨由出五

汪振鏧寄我手札　寬臣今日晚舟南〃

二十三日戊子

到西宅行禮今日五七　乃煇入學

二十四日乙丑

撰方大風歌卬一篇以悔殺飾信出胥　瑞西過我言袁生

二十五日庚寅

成太郎子歉書回以及賜趙佼方賜實駁方兩方以共文三胥子祠姓腫

二十六日辛卯

以白摺二本謄寫志史課文共千八百餘言　晚臨伯母碑趙手學

四八索又以余手錄一筆而益增彩焉

二十七日壬辰

晨至春林蓉邀近仁嫂之茶話　寄昕老函補具兩局去兩填 二十五日附者

到泰和請父親安　午後至春宅料理　閱孫忠錄一遍

二十八日癸巳

西宅兩弟　卯初即趙翁往行禮　信謝子福姪回　計客三百二十餘位

為星南潮一束字　本年卯木透地而出乎飛鳴象也

二十九日甲午

表子尚郎策 付青陳瑞南李君翁 點吳齋兩世家

燈下閱石印春秋大事表字極纖細非顯微鏡不可——彭蘇之

譯齋以至今不窺經世此以其兩萬兩中下也 園姑無語可補曲園本秋地

名對所未及

二月辛卯 初一日乙未

袁生来学 陈瑞甫过我 范〻文年数八十精神奕〻异哉

改〻卿诗文 阅诗题各三则 又杨屏甫与其弟德恒 明日黎明西

宝岩刘 今日午刻先往寓事 彻夜未睡

初二日丙申

卯正二刻〻文灵柩登舟 叩奠往送 三兄随柩前行 一路有吉〻斋兄但应极

善 巳正复睡午正起 剃头 阅胡曾要略

初三日丁酉

文〻生日 袁生交题是以谓之文也 诗题 奎宿新文有光辉

餞題舍館赤泥乙　讀杜律　壬午以前之作頗有名家氣

聖廟丁祭

初四日戊戌

誦時文一首　孜雨生丈　馳甫招　是日午飲薛之

早過徐府賀生日　讀陳餘張耳列傳

初五日己亥　宜祭祀

至王家祝壽　詣泰和請父親安　袁李雨生前往西溪敬

神　晚在杏宅陪近仁姊丈林酌歸路見心蘭

初六日庚子　陰雨

點管子卷一 改試帖 屬長棠趙去沙溪集

宜春雨試帖 秀雨有韻 如小樓一夜聽春雨詩云 宛疑宵漏援衝入

曉鐘寒 蟬枕借誰倚 漁舟作是觀 賣擔芳庭宦 歸辦杏江寬

可謂不食人間煙火者矣 前譜為宗傳贊 寓棋其中 援引古今

多今世所不傳

初七日辛丑 早有毛雨

點管子形勢及弟子職地員諸篇 明遠以寒疾兩日未赴塾

晚誦星荷文稿

初八日壬寅 大風有冰

點管子權修　溫召南　心蘭過我攜石琢肩序詩文集五卷
強留其半燈下一閱　詩才清雋
初九日癸卯
點管子乘馬　改咏課文　閱石韞玉詩詞共三卷　晚屬朋遠子心
蘭　近仁勝文啓行　二兄五弟皆往送之　石詩有云　淒涼廿載荊
山璞　拼得長安一日花　之可想見未遇時之攻苦矣
晚閱魏默深齊魯韓三家異同論
初十日甲辰　地氣回潮
閱魏默深夫子正樂不刪詩論　丁師書屋中設瑞香一盆芳氣醲

郁　林師及少廷大兄茀甫楚南兩弟皆至　錫虹居时文甚健

十一日乙巳　陰雨有風

二兄之鹽城以往吊朱家未能送別　點詩韻中蘇集一種

小漁舟一葉江春天七字命乃燀賦之限十三元韻

十二日丙午　春分　北風晴和

涉獵時文　晚到泰和請父親安　月色甚潔　昔人謂花朝月

夕殆以十五為花朝

十三日丁未

五弟攜江漢炳靈集至　通閱駱小文一過　晚沐浴　錢生題吉子

欲寫字過袁生頭由也果識其無勇也

十四日戊申

種荷　通閱江漢炳靈集一過　改昨課藝　心蘭弟來分藕根

一臂　雲和日麗風箏滿天春意盎然透矣

十五日己酉

選訂時文兩冊　袁生討題燕乃賜以來字乃輝　祁却前基四字

月明如水　林弟晚至　云前日小月塘有火災　并傷一人

昨夜夢虎臣贈我畫二幅　一西王母戴桃而立　一滄海出日　余踞山巔而觀之　日下有一鳳　其尾甚長　光采照目　亦奇景也

十六日庚戌 晴暖易絮袍

點史游急就篇 讀蘊山文 午以驛覆(?) 亮有書五六兩日

到堂

十七日辛亥

點尸子一本 蘇詩一本 閲王伯厚急就補注 讀孟子

晚寫寫亮信一函

十八日壬子

讀魯周公世家 改試帖二首 錢文默袁(?)無錫石(?)梅西(?)來默與杜(?)訪

訪縣(?)涉(?)澧蓀(?)洗積昏

十九日癸丑

午刻至流西堂謁孫師 午後孫師來告留少廷大兄同至華園

晚至戢廬 晤及以安蘭

二十日甲寅

閱蘇詩兩卷 改大小課文 駿甫北上 送來取學錄卷子

二十一日乙卯

往弔戴家 便祝王母壽 閱東坡集一本 論箸句三首

二十二日丙辰

宋槿三送試卷來 改試帖一首

外戚世家女之諾内中牀下 内即室也 陸家灘夜不失慎焚去十數家

二十三日丁巳

李十二太太百日發引 午後與袁浩翁步送伯兄彥甫季弟東至縣署

西北非夜火之所 讀孔子世家

二十四日戊午

戴府發引 隨同往園 又仰吾師在寓兼恒疑祭 書齋申初了度

昏過瑞西不遇 改子久文一首 晚覺頭痛鼻塞

二十五日己未

蔚如姪姊開吊以寒疾未往 又改子久文一首 統書屏首

閔孫子補明遠十三課題不可以為四字　未到塾

二十六日庚申

伯恩回　假瑞甫戊子墨卷閱　祀祖

二十七日辛　清明

早父親來家　午刻與心蘭過蘭墅丈小坐　飯時忽聞警鑼

云三昧寺浜南失慎　亟過樹往觀　勢已不可嚮邇　延燒近二十家　皆

茅屋其中有查某木行亦被其害　聞之子溶某家亦焉　有焉　今日

計共五起　而以此為最烈　據易月述舊年清明亦火警三處　每觀

至則其人寒食禁烟　殆此未必至清明而王火未之子也　故頃禁之

以精殺其雜寓乎哀作排宕其寫翁也　在滬西堂淙如師手交一冊

接二兄自黔中來手信　晚閱石揚子集一本　作字竟

二十八日壬戌

早起腰甚痛前日之寒未盡也　閱琢堂殿撰讀左巵言一卷

晚閱論衡兩篇　瑞丙過我少談即去　接漢卿舅氏手札

二十九日癸亥

丁師送來寫卿里省唐宋舊墨　觀之有唐茶花甚佳

改文四首

三十日甲子

閱論衡一本　午後武廟東廡失慎　改試帖二首　復興信一封

三兄非晚与吉斋同归，今早过我。婦人稱文人，漢時語也。

讀子琳爾雅，今日卒業，歷期二月有奇。

三月壬辰初一日乙丑

閱論衡一本　与崇如同過心蘭攜來于受慶汪清麟會試卷

晚到泰和請父親安

初二日丙寅

西宅遷居　頌杉丈七壽偕星南往祝　書院甄別文題子曰

聽訟二章　詩題東風已綠瀛洲草　昨託陳瑞翁代郭名篤

槿豆者攫去作空卷一本仍託瑞翁寄往交又楊星常本書一

本均於此刻送去矣　功令也詩中押一翁字韻之遠志字名士神

方悔少翁　賣香柯某文五家代錢

初三日丁卯

閱論衡三篇 晚過崇如適蔚如星南咸在劇話至亥初始別攜迴星蔚書院課作三首讀之皆光明俊偉迥殊凡響再視余昨文味如嚼蠟人之相越豈不遠哉苦不自知耳

初四日戊辰

補錄前日文稿兩篇即求星南蔚如崇如點閱 錢生以頭痛早出塾回 歷者適也見譴告篇 前日試帖以前韻与蔚如同押蔚用碧以翁也 二月廿日謝徐字訢以今日必雨而果然矣吾喜而不寐非喜言之中喜雨之時也 通閱驢縣廿房小題文具才思過

八十倍

初五日己巳
宗丈約茶以風雨未往　讀伯夷管晏列傳
初六日庚午
早過宗丈即赴葉園与傍耕田叟談　孫師來告首案共二首皆
在館午飯　晚讀莊子養生主外物秋水諸篇　閱墨子一篇　韓
慕廬先生集一本
初七日辛未
閱論衡一本　誦蘊山文兩首　復畢俊民信　晚讀荀子非相議兵二篇

初八日壬申

抄時墨二篇 閱論衡畢 錢生在一飛作開時子用彼相矣題文一首

陳竹平送來蘇課評前課稿呈首批假傅子苑送己丑墨選 晚赴小局請

父安賠宴此誌文 晚讀班叔皮王命論

初九日癸酉

閱風俗通半卷 抄文一首 晚讀韓昌黎歐陽文忠古文

初十日甲戌

伯父壽辰 上堂恭叩 三兄六弟皆至 厲楚卿過我述其前日課作用甲子江

南沈昌宇文法途賠伯鴻文亦然也 陳竹平假去清嘉集七卷

散學半日與三哥小睥　晚讀離騷

十一日乙亥

抄時文一篇　讀舜典　改漢高祖偽游雲夢詩　五弟寄舊卷

十二日丙子

張晉之表丈人仙逝　往慰　晤及蔚如禹言　午後沐浴　吉齋寄來手信云

初八日到興　姪母之恙延海西診視　疾名白虎歷節風

十三日丁丑

先祖妣生忌　敬祀之禮　抄墨卷一首　蔡禹言過我少談　即往安豐

午後聞施家巷失慎　補從稿之首　錢生譯題適登

十四日戊寅

晨與宓如履昨火所九十餘戶可憐焦土　復吉齋信今早發去

袁生以足疾昨日未到　晚閱列子兩本讀孟子第四篇

十五日己卯

縣官學官咸詣三昧寺聽宣

聖諭

聞許閬仙臨司賑揭之查墮　新安會館春祭六弟邀明遠往觀

改明遠課文一首試帖一首　晚讀上林賦閱孔子集語兩本

十六日庚辰

讀淮南一本揚子雲賦二篇　抄時墨卷兩首閱四門范子閱墨卷兩篇

骨骼很奇不忍肆　有摺扇画松鼠葡萄戏廖题一绝云
谁摘云根入汉家天风八月使臣槎张骞莫与冯同调老吏文章
属此儿

十七日辛巳　雨

阅困学纪闻天道麻姑两类　检视壬午墨卷　改下卯稿诗一首

十八日壬午　阴雨

三月前有一丐日日西行乞今年二月中来一僧其乞同而身瘠
甚丐丐与偕集焉发不解由乞焉而坐树排徊焉为稿下前日并坐亦
不能言目偃卧僵甚矣今早过其侧草席中裹深深然晓为过

之痴大無稍時風雨滿天憶長夜乎 課題曾呈二十字 琢南雅丰峰一首

讀孔子集語一本 二兄不慧五弟往視

十九日癸未

閱國學紀聞評文雜詩兩種讀淮南地形時則覽冥精神四訓

二十日甲申

晨視崇如慧便訂廿二日為心南七壽之辰 書農夫子自河南陪右

西宮午飯 后過蔚如衙 遇虎臣由蘇州至數十日 閒懷為之一吐

今日未讀書而舊日師友聯聚一齋勝於抱冊子矣 燈下誦精如文

下午在金某家觀牡丹花 舊年萬氏賜予蘭草 託楊生為之養視

今年護芳樓前後花共六枝，今無有矣

二十一日乙酉

求志春課：經學題：君子以居賢德善俗解，天產作陽地產作陰解；諸子學題：屬上屬下說，中與中之中仲尼說；史學題：史記漢書兩釋例，歷代輿地考月錄兩篇；詞章題：良辰美景賞心樂事賦。晚至富文過雨臣，觀其新購諸書，適心蘭亦至。晚閱學經年譜數則

二十二日丙戌　風日清和

為星南上壽，作永日之游。東道主則伯師、伯鴻、祥生、蓉夏、雨臣、利蘇、如寶、如及予也。飲於同興福樹德菴，小坐，晚飲至十二點鐘半

嬉間今日之樂一大樂也隨后篆甚寫扇占課唐詞陸語韓好酒矣

詩錄泉湯葉聲雷動快矣哉　福慧蕙蘭有兩石鉢蔚然有自能

孝兩刂余與心蘭一趣之而已　孫師則畢之便植放之使橫東西揮

灑無不如志誠弟子所不敢學也　悵蘭以滄石鴻以之解清不畢

寔此筍極弄之耳

二十三日丁亥　毛雨兩三點

昨日將儘十刻假寐片時　擬作葉石問孔子兩千文未就　觀風案出

尚甚酒課了已　蔚星說作之盡

二十四日戊子

賀星衢生日即在彼午麪坐有蘭畦東白柏鴻富文諸君午後順過宗江

公所陪研師閒話

二十五日己丑

假東白南史謝靈運傳一閱 東白留六傳去并取十本

二十六日庚寅

晚赴蘭丈之招 往弔陳家蔚如之去

二十七日辛卯

祝丁師壽 會課題 樊遲問知一節 今志兩股 夫君子所過者化

一節 表見雲母第二十篇 作文一首

在扁是多陰張季直其人言論半未脫老氏學問大意以實而求目下爲主而於將來之慕殊漠讀其譯橋縣志敘述一篇文境直與馬貴與通考自序相似良不易到也

二十八日壬辰

看積雕僧摩勇靚東京會便過楊氏典基堂見其所書錢澧氏排比高下左右之等第於大臣之指麾也而首道矣靚之有益精擅誌

二十九日癸巳

二府父百日邀往行禮星蔚盛在過曾自搬往季直

四月初一日甲午

作文兩首　三之人過我　大青雲河面　讀書直至日大策

初二日乙未

月課題　詩也世三句　卌一卷文三章詩一篇　庄屆期詫

初三日丙申

修民青來文五首屬為訂正　雨泉先生寫昨課卷五篇題為西不

日邑而先第三節　丁師送來蘭卷三篇　屆期過我

初四日丁酉

錄前兩日文稿共四篇又作試帖一首　吴炳發詩陪吴伯龍業語

初五日戊戌

小病未到塾 星南過我閑以文稿就正 吴伯龍書作札韻句送

初六日己亥

出長課題 禹稷躬稼論 耕田欲雨刈欲晴 覽淮南泰族訓主術訓

閱張季肯札 昨日業已繳了課卷 有定而未發案

初七日庚子 下午閱卷

到館後將菲卷草草了之 僅四百餘字 閱淮南繆稱訓 盧蔭時文

過伯鴻 即往禮房看案 前作一卷取超等第九 蔚文特等第一

本日將看望日平行 晚劉招飲送別 崇文 蔚文 星南皆往

晚飯后步月便至孔房安觀老王同後乘月歸 經日升橋長嘯

接廿二函又來

初八日辛丑

上午讀書某茶做百藝也 茶後到塾 腹中作氣脹滿飯不

如恆 夕服薑茶 下午即出瀉兩次

初九日壬寅

腹瀉二次 未到館 閱三國志魏書兩本 劉蔚過我談不值入

初十日癸卯

腹仍脹 亦未瀉 臨睡時下痢一次 今日讀魏書三本 上函畢

十一日甲辰

早鴻洨到館閱寫志一本　晚過崇如

十二日乙巳

雨臣過余不值　閱日天志一本誦時文　沐浴　乘月往候雨臣

胡曉崗有燈謎之舉

十三日丙午

翔師至　改文二首　晚與二兄語華祖鶴泉田叔母後話

十四日丁未

課讀詩國風　晚過吾祖處觀誦手諸

十五日戊申

早後緣卿、葆如、家姊、姪女、菉園話談。大兄、五弟暨六弟昨午濟至。三兄為予擬鶴鳴詩一日，撫燈謎數則，皆甚新穎。戎伯為予為擬定會課之稿，乃畢，以為大昔來。閱報，晉省祈雨之說。

十六日己酉　晨正月食，予昨日已演測。午前微雨。改竟作文二首。

十七日庚戌

縣官禱雨，禁屠宰。閱三國志畢。明儒學案四錄人

十八日辛亥

閱三禮書閱札東漢車制者一二條出計四十餘則

十九日壬子

京江三昕甘小泉諸寶藏學日往觀勝存心簡宴其讀詩經

二十日癸丑

三兄出門過西堂午飯三兄與蔚如自廣東來鄉村官園西泉

星學大燒車御史書道日叁和宗

二十一日甲寅

讀孫衡閱一葉宋本第一樓 蔚如留錫師師以守及三兄白宗祥試

新正以前次點課藝賡大侄三四文評之頗有才氣而法律尚疏

晚始見所言文云歌會題議秋卿尊窺瞻如卿偏見條免保日辛

是日始聞小詩詠人多評者　星南晚刻晚傳來志課業消息云

和史公題等第三　嘗是五四為依　翻經見詞章兩書皆列人

到者紙語之父親安晚飯回

二十二日乙卯

點大司馬鄭注十頁　閱時文數十首　星南遣送商榷訂論廿首來

晚閱晉書畢　九點鐘歸時合順被劫城守馮公督捕陸公至則遲矣

閱素千字文教并傳五六人

二十三日丙辰

謄庚寅秋課竹崖星翁商榷訂訛稿訖乃惲〻抄〻請讀將若許

照送星翁家　渼戈伯〻面寄來面時文一冊

二十四日丁巳

讀文絜〻示洵六朝精液也　溫大雅宣王中興人才極盛不下

文武之世　閱亭林先生日知錄　誦時文六篇　乃撣補非課 謂孔子曰本

王公昨晚至金陵今午偕城守傳公曆合順勘驗當街營責

地保及捕〻各數百　韓公南海神廟碑　既服水西得信零獄底記

王粲荊州學宮記稱五業從事宋衷甚盛　宋衷即仲子也

二十五日戊午

温周頌 點大司馬職 抄時文一篇 誦二遍 三兄作七古一章 用曾文定送謝果堂均題鄭景御史遺墨 到店請安

二十六日己未

温尚書盤庚上中 閱駢文七類 雜碎大史七招一篇 極妙 楷下 讀韓碑柳州游記數篇 近兩日頗用曾氏家法 早起 黄昏假寐片刻 讀趙語書 精神甚適

二十七日庚申

温小雅 閱駢文碑誌類 抄戊子四川墨兩首 讀文二遍

二十八日辛酉

昨晚星甫過我談近事頗久去 鄭經甫汪叔甫兩會星垣

閱經籍考及左傳經事本末 讀時文點駢文數首

二十九日壬戌

閱左傳經事本末 錄盍吾經酒狀刊續經解初目 閱經籍考五詩類

下午沫浴見陳宜甫

三十日癸亥 書二種

溫魚藻之什 閱經籍考經部畢 補作文六篇 陳秋賓假去已盈卷

瑞甫來拜子墨 之兄過李 晚間雷疏雨一陣

五月初一日甲子

啖穀子三枚。抄時墨一首 洗硯 改乃煇文兩首

官府陰四月廿一日奉順天府議稽打保甲 新甘肅鄉勇廿餘名分設三

省嚴延堂諸處 六弟來訪乃煇看對 謁蘭文

初二日乙丑

中興中興中青丁仲張仲仲反說見讀經解中歸經續義天產地產

惠先生禮說中有之 擬作郡志表譯經學門表 讀兩都賦

初三日丙寅

改乃煇試帖五首 詩詩來河南源小費下張某家竟占重離之卦

寄哀矣。午刻到春和請 父親安，過寓女，聞談印儕至蔚如

所，蔚如食奇鮮枇杷一枚，甚美，蒔帶

初四日丁卯

改李杜考，今在試帖中題云：大星明太白，和弼地東襄陽，聘不雕飾

論史文三篇。午後放學，過寓女所，許留，什有蔚如自上海村卿

歸，途購作舟理訂明日晚飯，蔻於蔚門外，對照河搆於堂屋也

初五日戊辰

早起，詣寓女蔚如寓，女至除夕濡吃，般羅密多，失而復得，踐之戴

帝矣。午後偕蔚如至寓女家，女留飯，過寓，卿邨酉圈，蔚如雅懇留

八弟云胃今全愈尚不甚適勞　下午與星巖家同赴仲丹之招其
新居極遠甚倦歸時夜已　閲仲甫詩　劉翁大將軍儀
注四六叢首造成篇一者矣　蝗生

初六日己巳

清晨赴與五弟紀取崔家獻堂上家人之饋餘焉　閲毛西河
續詩傳鳥名論時文兩首　六弟來晚飯　必蘭收昧日麥宜學咽吐
至孫鄉館　三兄猶留修書今日在孫師所聽

初七日庚午

至輝青來館　孫師適至　讀雍梁二州經後尾上房談

書吃文二首子曰首道千乘二章題　閱書又唐列傳三卷　溫鹿鳴南有嘉魚之什　讀時文二篇　晚讀陸宣公請罷大盈庫狀及韓昌黎諫迎佛骨表蘇長公上皇帝書又代張方平諫用兵書又在徐州上皇帝書皆洋洋大篇　丁巳侯復祈雨禁五葷　戒禱果大雨徹夜未巳　聞二兄早晚可回家喜甚

初八日癸未

午前大雨晚晴　朋遠課題則苗第二句　閱困學紀聞攷史一卷　點班超傳讀漢書敘傳　溫鴻雁之什節南山之什　抄子所雅言章題文二首　熟吃文二首　晚讀晉叔向詒子產書呂相絕秦論　寅谷先生必以其

書存文云：嘗曰比在位諸方丈何敢垂暮遠征蜀　注：雙死於湘水本之司馬溫

公及姪文潛之詩　夕陽時看日閱朓　閱東莞科試一等齋書

誦杜詩五律一卷　鈔騷裒理蟫綵

初九日壬申

溫周禮秋官又豳風　閱子美五古　二兄到家

初十日癸酉

作舟來，借去周易述二本，許翼氏學說記一本，又唐宋叢書一本求志

課卷一本　閱四月廿五申報　此擬時文　晚閱三家詩傳

十一日甲戌

閏三月丙申 敷文書院考課題周髀經與西法平弧三角相近說
讀杜詩 閱周髀算經 閱諸子類 晚與之兄過宴叟即求華道人
可方
十二日乙亥
吳子紹乃輝到館午後合顧鄒以紹之蓮語告蘭過作舟親
昼注老子甚有精義如無元也天傾西北而元始無名天地之始者能
也育又也耦也故有名萬物之母其坤也引易謂以注老子語頗樸
不破
十三日丙子

偕學詩早餐，與仲遠茶甫去。心星午由通寺樓去，我[illegible]四弟

雜志署臉題 南康翁隨志都市詩依修道說 張雅西湧默語之

羅化書作此方何題以[illegible]地 晚陰之見至曲不酌

十四日丁丑

行年來備閱學紅向及經解 東坡心古詩舊題蛙鳴賴梵音

誦時文三首

十五日戊寅

論學口號完 至城隍廟一行 携及陳社賓仲西城小會課

十六日己卯

十七日庚辰

閱錢獻之車制攷，因有所刪豎之證。東漢車制，孔巽軒詩聲類及詁訓分例精詳之至。

十八日辛巳

服藥五次，真效，裹好，欲臥一時許，始有汗，頭昏昏然不能久坐，至晚則稍愈。下午隨題讀文十首

十九日壬午

昨日一病，元氣大傷，今日以休。閱通鑑隋紀二卷

二十日癸未

嫉以飯粥稍服藥後　母親來覓予至西宅拜服

廿一日甲申

到塾　閱山海經一卷　題寶竹八首　閱孟子四頁　讀周禮獻

猶解也無所繫　兩兒偕寶如蔚文過予未遇　晚過兩生

所以便與訴書　擬揖之武城題文

二十二日乙酉

秋實過來　兩兒遺來荷蘭水一瓶　蔚文招晚飲

星圃偕之武城全章題文一首　跟上性習之論爲試詞題

梅齡神流吾頗甚羨觀之矣　晚刻從內兩陣來即大

佛師借款二元西北公子書春費

廣東正副主考徐致祥、周埜談，廣西正副主考利玉行

宋育仁，福建正副主考瞿鴻禨、殷友蘭

二十三日丙戌

蔚文雅我八家文之三十篇皆以義運尚好今缺總慕作望

以文之命爲萬文敵和撰輯宋至此家所辛

三元邀我飲也顧一日 從石鴻雷來舉四通濁閒談

廿四日丁亥

前日搆文半幅今續成之 昨日取去通鑑兩函 散學後過

甫蔚星諸君即以文藁求政　在三兒所寓　大伯母亦訊方

張季直致甫函一函詞意古樸深厚

魯公書法　率更書味　柳公權用筆　玉女投壺天一笑

廬丹玉池清水上生肥　黃庭內景經　刻晉之至州窾也

佛塔

廿五日戊子

秋賓兄寄送來會課題三道　季康子問政於孔子　三　夫孝者善繼人之志善述人之事者也　未有仁而遺其親者也　三題　程滌生中秋月賦

到店話　父親安　付季弟家文稿

廿六日己丑 小雨

早過秋實來晤仲安云會課首題冀卿先生早年曾作一匾篋行短幅挖重中堅照應首尾 閱乙酉墨 晚路過星閣談文并示我隱居以求其志三句題文氣象新鮮脫去塵俗

廿七日庚寅

播閱魯三家事本末 午後荒於嬉

廿八日辛卯

明遠文題漢以[?]來[?]鄙君臧我績 作會課文一篇

天之氣亢旱陽之上升頭面之際時有濕結合目項路偏右處

忽起一軍痛楚異常

廿九日壬辰

閱管蔡陳杞諸世家　頭額如小醜所掣頭不適意以膏藥

治之尚未見其愈也

六月初一日癸巳

早赴雨生兄所文會 余冣以至以在家影寫詩故 琴宸生自教學

初二日甲午

項結甚痛未能到館 午後雨兄過寓 攜師撰文稿示識件

諸葛刻志 閱今日書經採題 樊直從游一首

初三日乙未

到館 批福昨卷一本 与三兄之文一篇送去 三兄之文甚正派

余以福衡刻意之之哀作畫未免稚弱 晚与忍之同赴蘭文之

約 坐有孫卿蔚如及三哥 雲衢亦至 雨臣深夜方歸

十二點鐘寅龍王廟火時已寢披衣至中庭其光熊熊並遍射塔壞
天色黝黑因悟日昨皆西南矣廟近南門當或爲風力超見弦水爲
火制不能救今日一炬元龍怪矣怪則安安則由乾而坤陽
極準半津然可知

初四日 雨

二兄以雨臂甚痛昨在醫院早點後以兩耶雷來訪云語運使
風陳伯年還衣來據去年黃公先生襟著六種
天明即有雨甚且連綿一日計約寸許

初五日 丁酉

又雨，一日合共三寸，快極。以雨大未到館。旨元屬兩四句三首，詩仙為大備

毋落方定。神甚風雅，即以喜雨題之，人賦兩韻，得三十韻，神占十五韻，余

分得十四韻之一，僅作二韻，詩不具録。坐中縱論大臣，楷農父聊持語

當時[illegible]得勢，職教兇狠，雖未魁兇，[illegible]真撫手日[illegible]亓齦膝八方[illegible]大彌

據酒[illegible]野濁檀潮[illegible]情，諸先生還合[illegible]賜，不計[illegible]書，敢皆謂[illegible]天巧補亭

各[illegible]風飯拌垂[illegible]漏，定作昨日[illegible]雅佳上[illegible]須表風饮[illegible][illegible]雲[illegible]了

月昨宵[illegible]六七，皆可誦也。探桂花消息，則曰青年宜有過，在三山

雨水之間觀之，憬氣似不甚好。

初六日戊戌

作光孝寺而題跋文一篇　秋賓邀來而診即去　放學後同父親昨夜受寒今日寒熱交作其苦萬狀視急到卷軍西時其子寅甫過來云內涯外寒以桂枝湯加厚朴　父親坐車回寓服藥即靜睡夜來未有寒熱病似稍減　種爲徵課卷來

初七日己亥

再作休孟夏文一篇共十六比題不費手　父親外感已去飲食不甚香

孫師在李府避暑　午後東南雲起急雨一陣着綠扇而歸

過樓西　抄芳城桂棠中秋月色香詩一首

初八日庚子

謄會課卷　斜窗下作文　早三兄命同往隣館茶話坐
有三兄五弟六弟叔遠七弟蔣子田高萬生翁書龔鶴諸君并趣
余作二三篇　父親飲食猶如
初九日辛丑
三兄有事至通州今午坐信船去云尚不甚局促人少故也
初十日壬寅
此文稿就蔚九丈之　在宦如前午飯星南公　午後逛文前日宅神降壇
云趙雅宜字孝帆會稽人明末避亂海東今日以消夏兩事為題賦的詩
四十韻上燈後作四復續理出計共成五十韻　風雨以雲谷先生家有一科而去

十一日癸卯

蔚如六叔周期，早與星甫宗如往拜。賀桐軒侄協和家喜。

閱各課卷，擬撥試策，要見宋柳首、陳仲篤及葛忠乙文，皆觀之。

發時文一篇。四點鐘放學。沐浴。作機達陳新請借文。

十二日甲辰

早至陳府拜冥壽，席首屬余助之，作祭文。適遇湯宇白玉、金蓮乘間

小叙。遇廣鄉翁，見示之課策，刺魯文王陸並見賞，殊意外也。

曉到居適陳聊師。涵蓀時文，戊子順天陸震福、浙江湯震

及湯之才，皆妙作也。

十三日乙巳

早發箱篋 論時文 作丹午以玉楮去錢翁二本 并述兵燹遭際爲題文亦甚有趣

十四日丙午

姊母壽田興面福節有腰痛已減太半 綠際尚未全也

道謁文季馳鄰邑 吳東乃張揚邑卿君家削 並親亦來見 不姊母回家

母送文記歸 枕甚不能寐 王正以所稍語慰之

十五日丁未

庚卿摸三元第一卷子本

十六日戊申

出長楊題古子循循經至東京　左右備竹　陸奧國所作書歟

子墨客卿下

十七日己酉

揚子雲長楊賦　舉以比較　均作一篇　用韻倍多過我

十八日庚戌

野遊赤羽館　讀味雲集作五律二首以贈之

余寓西勢隆寺亂急向西行　大嫂生日

十九日辛亥

在李家宸作後生有鄰師及寒鬼女 劉園爲屬書賤者也

庚戌秋 年自心悔

二十日壬子

李府七十冥壽往賀 百談以晚歸 録寄文一篇

二十一日癸丑

録寄文一篇 夜風雨甚急 披衣起視

二十二日甲寅

與宗兄及友 訪若作集道叙 談蘭史 且若廚南訊君 坐談良

頗甚倦疲 下午來過南陵小雨復爲歸 廚當作也

局便

七月初十日

午前走別諸戚友晚飯後上船同舟者孫師鄭盧林之徐之捷星南昆玉也開行至高

溪小泊

十四日

下午拉楊舟往宿舟中聯句限十四鹽韻有髯韻不載載韻之可議者也

十五日

劉子口阻風觀盂蘭會其地對棲霞山江潮甚大波及當日大河口輪舟來車

一節為之惊然

十六日

午刻毕省回雨小泊石城桥东上岸

十七日

随孙师进城览寓往燕子矶之胜芳姑论鸥末窝之乐也拣定石坝街尾周

宅楼屋

十八日

奉安泉由徐捷之图书由诗宾　书农夫子函　于陈公祠晤方錞彦

十九日

随孙师至谒书农夫子　昨日与群步至东园访蒯家试馆其地有

蔬竹脩竹　来往泉卧琴捷袖之之　昨日进场

二十日

鎮屬錄遺文題君子不亮惡乎執詩題江昔黃葉蕭蕭遠 早謁丁師

訪林仲能不遇 心蘭入市購得彭羨門先生延露詞一本

二十一日

書坊中有曝書亭集一部 價須三元有奇 其本甚舊

二十二日

至諸家看買書老子 楊雁甫竇鍾海至 王書田應喜子至

二十三日

過同陽書坊詢薩祖詒息今年恐未到

二曾　二十五日

丹徒補録求也為之二百兩　夜未睡

二十六日

賃正場天明照時送孫子兩卿赴彥棚日上戲開點　同川諸友往聽

二十七日

与其光合邀孫兩卿及同寓諸君至同和樓

二十八日

石印有正味齋駢文王葉合注甚精美　在著易堂定一部　又在宛

委山莊談經訓堂叢書　經訓堂書價甚和懸未成

二十九日

细雨潇潇在寓，陪和师闲叶。天气忽凉，揭席易裤。

八月朔　移下页

八月初一日

早為叔卿星翁往訪家蕃買管子　謁子蔭先生更談

初二日

子卿錫陪雪樵卿先生同來談　又攜扇求蓉甫書寫畢過訪書

卿為轉求　叔師某日醉同咏白秋海棠三十韻余和得一韻

初八日

辰初入闈坐平江府北段容字號　夜半夢三兄屬余買管子一部

又禮山文前半日最為要緊云　覺時題紙適下　首題子曰桓公九合諸侯一

節與夢言相合奇哉　次題素詩三王四句　三題經界既正三句　詩題老龜背参

是日氣紅以紅字

初九日

首藝至下午始脫稿以詢子產為主起講以管仲人也作骨次三藝於三更時

謹敘皆已完草

初十日

天明謄真已交卷出場見星蘭文之意与余不謀而合而局校則

甚新聞師挨病的場三藝皆高遠遍近藹山

拾一日

坐孫字五十號后舍如丹往郎某諸個易甚精鍊睆人耳此歸如對歸

無着風燈所照書歸時表少宋先生贈我此同飯一寮美哉美哉

十日

先正楸也高句樹還有斐高句既伯此稱高句夏公舊菁保楸保于陵澤

楸家周菁也五藝於三枝時告成又為我師作禮文一首前藝前半解注

以之地之江河人之文章作兩層以旡為澤旡為口之語釋之次藝八比以之一言抹煞

一言互印三藝前以四比中一段四藝以懸案為說五藝五比先對上實

夏商作之比以之讀儀禮云可以搭周禮之遺可以補曾頭之闕

十二日

午刻定生君出場伯鴻與予與之談風扣東滄浪兩足冷痛大抽痛不可

十四日

坐多字第一號茶水甚便 本卷題五道四更時卯下 一經學 一史注 一樂律 一元史輿圖 一叢書小說 樂律一道我遂明對成

十五日

移歸就孫師寓 經史輿地叢書四策皆取之於是篇為多雲桂卿之有力焉 我往看冒雨來取元史稿 今日寫之真可快 天氣陰雨減却中秋風景矣

十六日

唇刻完卷出場，與胡帥偕行歸寓。今年監臨賞典，只貼費僅數百串。

十七日

小雨竟日。午後買購零物。此次貲盡，不能購多，書惟惜經訓堂叢書及吳穀人駢文兩函。晚與心甫遊真隱廟，拆來觀碑，欲揀，僅費五百青銅。

十八日

胡帥坐寶艇回東，午刻上船。未開，隨胡帥及星嶠等游莫愁湖，湖上新建曾公閣，閣中懸公像，扁額題"江天小閣坐人豪"七字，許仙屏有跋。又聯云："出西州門，風景不殊，想見肆聖相經營之跡；此一湖中，潢汙可薦，留待後人雅頌而歸。"又集杜一聯甚佳："岳牧用詞人，諸葛大名垂宇宙；驊騮

阅看道光元戎小队出郊坰　湖上石榴莲子皆芳香可口

午后开行泊下关

十九日

日晨抵镇江泊皇华亭东

二十日

早与孙师林登留阴岭式如兄语左第一楼茶后送式如所见其小君

孙师招同与北固之将有式如杜之卿　山林椒新建彭杨两公祠堂瞻拜清

高斋茂起教祠旁菜之层楼登楼一望惟见长江如带金焦两

点英帆往来翔似飞鸟询之山僧云大风起时楼窗皆觉摇动盖此处

也金山日永高地也 在山午飯 有酒有肴有麵 皆素食 余以今日生無意
申刻始借山僧福壽也 東向庭闈行三叩禮 武如邀晚飯

廿日

黎明渡江 午後抵揚州 同孫卿星甫樓角乃文小坐

二十一日

順水過蕪陵 舟中閱制義叢話兩卷

二十二日

閘至淮口宿 是日風不甚順 閱制義叢話 丹陽相鶴侯子所作 注閱畢大冊
言甚甘美可以求記詩以求射記書以易記禮之大比

二十四日

逆風斜雨，巳刻至靳家潭小住，隨舒卿登岸上山，見一古廟，内兩少憩。殿東偏有屋三楹，中堂取古樹丈許，無枝葉，根身纏紅羅，作金花黃冠，叩之主人，云今年湘水漲時，脫出此樹，以其發靈異，古杉爲雷所擊者之，以有神據焉。吾等神其說，適值阻風，兩日甚，爲遣與舒卿等前同行三叩禮，余默禱云：今新如有靈，所回神之靈，俾風以轉，吾則雖風狂逆雨，亦無迎禱畢矣。書國朝先臣阻風事一則，當以字畢。午刻忽轉東北風，帆可半張。下午北風漸微，南風忽大發，倏忽間已歷蒙蒙而逝，時過矣，天南黑雨，南風大作，舟泊如焉。二更遂抵東台，時余等不之息，其至已亥矣，惟是南

另仲孫勇四名送家

二十五日

清晨先詣泰和居請父親安，復至家請母親安，家人皆如好，慰甚。

懷文稿就雨臣正之，雨臣擬批賞。孫師爺陪趙寬留午飯。下午孫師、星閣、蔚如、雨臣同聚於棠如處談敘盡歡。

二十六日

吉齋約茶。雨臣新置田百畝，邀余往觀之。乘船去，行未里許，風雨大作，遂返迴泊於田上。雨久不止，蔚如、星閣、棠如、雨臣共約以扁舟為寢處之地也。遣僕攜歸被褥被來，但月共坐談論今古，燈下各言所志，頗相得發

啟服句一首共八十韻酒酣耳熱頓呼動天想朋友之樂事詩以男兒七
尺身自印藏五日之築之播東方趙以五夏殺曙雖引晚景之旭日升天閭
語一氣有讀詩並不覺其為吾人之精神也充於其海邇遊魂並未討一兩
脫稿據之野道須八十韻天造地設此魯亂常一　詩啟以巴之交往
話若消磨長夜天曙而猶未止

二十日

奉所屬至鈔師霽豐函印以作稿就正同至吳昇園小坐
年刻小孫中福婚趙假因整理書籍　廿蔚如拜服頓十點鐘回

二十一日

閱摘錄叢　雨自述我言人生不可一日不學　三十以內正據大崗道之
時述無論詞章經濟經學小學皆須備到理能方可談學　我儕將所
能了也　年四十以後　雨因後拯作滋田之華　何前五人者翔卿益生歸
來已晚錯以　大約母以舊算未盡屬與之之兄爲求仙方　華祖廟言皆非
切情理　叩以名科　對曰望曉前已動月得　九霄月夕
見季直先生與之之兄書　擬扇上氣象宏寬　詩令人起慕　之之兄云季直甚
愛余也

二十九日

與之之兄同謁丁師未遇　過季蔚　陪姑母小酌　回候伯翁

借唐五國朝詞綜來 燈閣三家宮詞一卷

三日

寫扇頭一個 琴條一幅 筆力甚弱 伯陽來談去 過星南不值 即

以文稿求秋岩丈指疵 贈魏碑三紙 並留飯

九月初一日

到塾毓琳等書甚熟吉齋之力也　圈駢體文抄五篇

初二日

蚤起鬀頭　靜閱魯公帖　改揚子久文二首賦一首　放學後與吉齋挈毓琳至張午亮所相相我云一生無甚煩惱左手離宮有一紋主智慧見在氣色甚善且眉彩朗耀今科尚不絕望云相毓琳云異相也命根即在額上一塊黑印堂寬闊眉目秀穎其面如目字必早達廿以內玉堂中人矣吉齋則云頗能持權明年必得三品封

初三日　微雨

吉卿招孫師心翁崇兄至天星園茶話 連日少腹氣甚脹痛午
後神之萎走渴勞文心坐霄若氣痛勿減怪極 寫大字二十
吉甫規予凡字之撇鈎皆宜涵蓄蘊藉甚是甚是 閱胡文忠要略

初四日

寫大字二十小字百二平園聯文三首 往張家弔晤心蘭閑談 甚熱

初五日

與三兄陪丁師茶話 聖廟碑記錢二元裱裝 到店請父親安
江西字殿龍湛宗袁黃英鎮品端字釋堪為坊表請 賫五兄衣衔以
示激勵 明遠晚由興至 吉甫辰天子信殘棠文至 二十二日放榜

初六日

寫大字一紙小字百八十 昨日亦然 腕力稍勝 改子大文一首 過園騐文五首 以園執呈丁師改 明遠公甫世甫皆往就張午亮相面

初七日

寫大字二十小字百八十 閱小題文數首 丁師遣仲借去三國志八本 燈下咏飲水詞十數首於雙聲疊韻

初八日

白香山九月八日河亭遠望詩云 晴虹橋影出 秋雁櫓聲來 以晴虹况橋 以秋雁况櫓聲也 謂櫓聲似秋雁語矣 袁意云 閑邏花蔭聽蟲語

顧眷念思　寫大字二十小字百八十　臨李仲璇碑四十字　閱駢文五首
背誦相如子虛賦一段　晚在唐陽孙師以飲　亮兒到家
初九日
心蘭早來　約至茶園閒話　有蔚如禹言在坐　亮兒以病未能至
後至張午亭亮兒所　談相云明年司鐸一官不難至也　又云蔚如官至太守
稚元云今年有朔日月合璧五星聯珠
初十日
李十二伯來　母周忌　放學一日　后自由東城回來　借駢文類苑十六本
熟漢書一頁　寫大字二十

十一日

先祖母忌辰 六弟奉前至三元宫念经 写大字半 讀漢書二頁

晚廉甫兄来道俸季招时月色甚佳 即往少鶴處 至甫處至井儼辞刊駢 并索集駢

読敢甫兄撰著書六十餘種 其志甚大 如之先第一目 皆看閱之書也

甫臣之大者不如也 臣崇之精而博者不如也 由甫兄所歸时已二鼓矣

後与二兄畧談經旋 精二更乃寝

十二日

吉齋夫人生日 徹學一日 還宪兄所假李湘社集駢體正宗

十三日

風雨　閱湘社集，竟易盦程頌萬社中之冠　讀渭厓公文集內表三道頌一首，皆光明博大，當編入皇朝駢體文類　寫大字一紙

十四日

興和孔廟碑，前日求星南署籤，又跋尾，今日題識，由其六弟竹平家來。文筆皆超妙，云碑中引陳蔡及門語多一得字，可補陸氏釋文之遺，攷核尤爲確實　寫大字一千　白香山薛陽陶吹觱篥一詩，宛轉而堅卓，集中僅見之筆也

十五日

寫大字二十　讀上林賦一段　過園香山詩兩本　對駢文鈔與文選目錄

補黄王兩試牘中騐之旗人姓氏見有十六人賦不選 晚閱蕉門展成詩先生

詩餘

十六日

嚴掄年初度冒雨往祝 寫古字卅 閱秀山詩

十七日

早約星蔚崇及兩言 登小紅樓茶話 崇如先留余及星蔚談 午飯

分作集錦聯句 余拈得朝考卷鄭板橋得句云出身翰苑一千家

回首揚州二十秋 星圃集石 半夢樓云 方罣[illegible]從横西后局 彩毫名貴君

軍書 蔚船寇 北闕罈花覈日近西臺視草署雲收

禹（端硯 刘石庵云）照趙唐代賢題上書尉江東潑墨家宗（雄一府 吴郡人）入世清

滌意六朝出群才調憶三風

楚帆先生重陽風雨觀潮錢塘七絕四首

稚迷四海意遙一聲獨[illegible]黃昏驚[illegible]風雨有神開眼界倚欄雄跨不覺

知（繼以呼雷至）

眼湧如捲怒成雄[illegible]君王此地封十萬健兒同射加一[illegible]濤雪白

頭（以示）

扁舟如葉大江邊一霎滄黃老九月到一雨年滌三尺[illegible]濤調飛過

萬古雄頭（篇松鐵立崔詩集）

越王台畔花边白扫老人间冰雪文章旧是靡遗不极隐忧每惜魂化一

泗和之

十八日

写大字四十 检箧骈文打与文选毕 晴 补写梁陆浑山火诗 阅韩诗看

吉斋晚舟往兴化 禹言草约再至小宴 孙植有书来 请古尘徐人同行

颂孙甫先生病 肯去难与蔚如亦在此楼小坐

十九日

写大字四十 阅曾集若干篇 晚随孙师至南城观菊 灯下展读

二哥所得郭兰池石远呆顾复祖写庐诗先生图卷至 寄老辨弟八九 山人其植也

蘭州日報 改本鄉試帖 云句工云 何以鄰家窮火是地起思亭子山到底清不
野新青云 濁識貌尾緣赤語羅亭舞亭 因作 二元晚至

二十日

寫大字三十 改明遠試帖五首 讀歸詩 午後過宗如兄 晚同胡蝶舍
坐有蘭史孫師 蔚如本屋星南島言往云觴曲飲 五月上時 蘭老孫師
先散 本蔚諸人即留夜 將棠蔚園暮后 余與星本高三人雅牌

廿一日

蔚留宿 草約至同考 茶敘 茶後 借陳劍海山先生寫首道書
到館 署後即回 寫鳳雨時詩

廿二日

翀師約至如意館蔡生有星翁 過蔚翁所留午飯 同至泰山西客棧

坐談至推四字兩集錦句 余推工掌諸藏云博搜富合諸所藏上石著

償同一堂 星伯云拂以茶四字云 拂情浸淫茶筆積累禮道供以相者

蔚翁以一食清齋四字云 一角精緬書作金此生涯節易持齋

廿三日

過肆以備午飯 嘗見后在堂看碑一日 午後蔚翁留至晚 翀師至呀核

楊信未有也 此昨日事 當至易

曹

孙师、丁师、吴田先生、君八子两公及余同至此局小饮，棠如望浮局前看围棋

与诸土神同游方桥，日期云五月。孙师述两诗云：一官清冷隐袖中，刺如

芒锥气如虹，男儿不遇书传志，不学潘磨在此中出葬。又云：袖底

携来一片枯禅师佛来钱袖在，更怜今夜宾前雨，少却潘潘两鬓斑

此诗似前赠潘诗也，此后矣。在局晚饭

廿四日

到馆。下午游学头遇老宋先生，言江宁于廿一日游方福镇江岸中一

吴甘泉、揚才府十二人，安康东皆膺科也。是日到考寓见军招全录候

江从吴来，谈人舟济之来见舟长此行

二十六日

邠師過我，述闌墨元心命之志，皆與之暗合。寫大字四十。與丁師同至青雲書室，觀新刊南藏，見撫心之肯(?)。崧甫兄至。晚陪邠泰和(?)廚(?)。三兄為情(?)緒畢回，詩一章，怪之，究(?)精不減元白當年。

二十七日

二兄崧甫、芍邠皆來午麵。早陪崧甫過程撝文，未赴聚(?)。

二十八日

到館寫字卅又午(?)。丙臣夫人患咽喉病，症病極甚(?)，更午後同三往問病。過張小舫、張子文，都在撫回陽方。

二十九日

到館　[illegible]三弟偕[illegible]　作有見吟一首[illegible]畢[illegible]用十三[illegible]全韻

晚歸寓請父親安

三十日

[illegible]先生[illegible]點　十一下鐘[illegible]　寫大字二千　[illegible]詩錄稿一本

[illegible]鄭鏡江[illegible]揚州來　[illegible]兄[illegible]江

[illegible]晚[illegible]回寓晚飯

十月初一日

聞虎臣亦染喉痧，与崇如往視　小松甫今日拜客　改明遠文一首　寫大字十六

午後過蔚如閒談　蔚教我歸除法頗易了　容暇再從二兄學之　蔚如并訂課

程日閱小學書及譯書駢散文各若干　星南過我不值　六弟晚至

初二日

孫師命至公府早茶　陪汪嵩甫　書院課題　生孔孟有命至四王命

童雨錫　封工　綠蕪花疏小閣　得林字　言以心文一首　詩一首

初三日

早起膳　作卷　到館　與袁生帖　改錫文一首　四書二用　作字三百　兩三志

寫大字二十 錢生文題子路以告 下午陪祖母小牌 散步同過叔甫

同回來園看菊花与二哥六弟兩姊往觀之 芷芩和晚飯 晤明三兄談文

叔師昨借去經鋤解一函云將擇其精說錄之

初四日

改明遠文一首 寫大字卅二 閱宋詞一卷 遣僕問屏臣家疾云

屏臣稍痊其夫人未見甦息

初五日

改明遠懿遠文二首 六弟來取詩經傳說彙纂 彩甫訪至余六弟家 茶

話 往看叔師二哥大兄 聞揚鎮一帶有風鶴之驚 家鄉如之 上北皆

移着他處　陪開南寓寒翁月輝詩題　寫大字册。

初六日

題兩小兒奪錢圖　昭明選文一首　寫大字册二　託五弟在隨覽華

宣紙白紙冊四册九十文一本　午後謁丁師潤讀　晚讀離騷、理子虛賦

蘭畦先生招明日晚飯

初七日

寫大字册二　讀曹公七言　北風甚涼　昏散學歸　來着衣　過綠甫不值

謁丁師　讀王西莊論語稗疏　即過蘭史雲每　座有陳白石　盧穎蘭及吴

甫蔚如宗文諸君　檢內令秘術墨存有八十字　破除古式

初八日

晨甫開門賀駐為勤理一日 十點鐘回 讀美雛萬驢 二兄約楊舟行去聽戲 十二點鐘方回 元宵前節鋪被劫捕務廢弛宵小橫行可嘆也

初九日

白石先生招午飯即在陸西土所 白志云虎字迎正中一云原印武也 午後與甘尉如星南棠如同觀原臣疾已癒大半夫人亦有生機大幸大幸

閒步西風橋畔憑臨廢兩藝如遠山然 二兄請莊甫及其弟敘言

晚飯後看聊齋讀秋星南及太守之詩 月色甚好 燈下讀楚騷

初十日

寫大字三十二个中字廿字 理子虚賦 五弟代訂之本已到 蔡禹言約早

到小廛閒叙 有呈尉蔚如崇文 談老公七律 錦公上子襄陽書

晚閱說文舊音

十一日

見新科江南浙江江西順天四省闈墨江西浙江尤佳 閱說文敘 屬明遠補

抄部目分均寫簡 晚讀曾祖省齋書屋詩稿 聞三兄在濟南局乘

月與二兄往尋之不遇 歸後過星南 星南已卧矣 聞余呼披衣即起

晚帽露頂月下要談數語而別 以松目烟及五弟團扇一握

席臣還記事 借去洋靛叢書五十二本 下大畫冊 寄東原與文七叔 勇之夫執

檀青假前漢書兩冊玉岡子携去

廿一日

寫大字二十餘 離騷二篇 讀賈長沙傳 張厚卿弟今日行昏禮往賀

下午裱經一轉 秀三來 遇石臣鶴談 星南亦至 月上時始散 稍回金石萃

編 南來同至當在月塘閒步

十三日 晴和有風 晚月光可愛

寫孔廟碑四十字 點說文日月夕三部 閱胡珙毛詩後箋 讀過秦論

年少二元同登魁慶 時才肯成縣 漆鋪卸皆未完事 辦好猶公 雪猶後

今日携毓琳游泮宮一周 記余六歲時丁師攜之來 此後閱十有七年

潮以 署曰

吴丙蘇母琳適亦六歲宫墻萬仞得門而入者固自易衣鉢乎

心蘭過我不遇 歸途經玉帶橋晤陳秋賓談鄉試餘波

初二日書院案出長友一書取特等作子之學之文得褒然擧首矣

明遠爲我抄周易姚氏學一頁補注兼通汲古本之空 [redacted] 還之

十四日 下午無雨

抄離騷一段閲困學紀聞精讀篇竟 八祖母百日 午後與之兄同過叔衛又瞻及三兄 月輝詩題魚尾語之兩袁生詩題魚腸謂之乙

十五日 壯風晚有月

點說文十頁閲經學輯要中小學類讀萬曼生年傳及胡墨莊以

篆。晚閱易諸學，到丁君住，又安 丁信伯 揚雄 連三七下 陳宦詢大二瓶
捡說文域所以藏民也 藏又訓安 撤字 會日容甫 王筠說文釋例其精粹
皆采入經學輯要中 曲園先生序輯要云如此而論可以無欲、
十六日
星南過我 借去昆公文三本 經義述聞二編 三哥過我晉飯 同用謂丁師
上課題 昔者至城陰而歎 詢問業事實之友 三哥先生論食之園 三香廿
點說文五頁 晚過馬臣 觀其所作 嵩生先生讀書要錄序 文甚渾朴
十七日
左腰去賞去自嵩甫錢行 放學一日 午後與二兄星崗閒步至淨業庵

以心蘭所假伯泉江艶氏三女詩抄一閱 相十七名家小題文四本

十八日

乃輝課歌子產使校人畜之池 點説文十頁 抄離騷一段 温詩經樛木螽斯桃夭兔罝芣苢漢廣汝墳麟趾諸章 理上林賦完竟一段 晚閱莊子兩本 蕉棄也見莊子間世假爲芭蕉字 梧琴書院題辦理洋務人員以何者爲稱職論 擇錄江海連珠孫瀏先生詩文數則

書舅先生有信至 詒我江南闈墨一本

十九日

改乃輝試帖兩首 涵閣雨塞留 魚尾赬之兩 涵閣詩用莊子屠羊蓐雨御鄭圃押鄭字 魚尾詩

押足韻用之亂真，以南華語用者有益信然。前日書院西錫文評云：詩通中西

並綜漢宋，高密新安之所未能；諸卽晴江之所未詳，此固不敢複[illegible]

梅岡有顏子，願觀其人。又云提之時從隨字生文，方不使兩字一筆，其才縱矣。

律極細，私定手所破。

二十日

早過霓臣閒談。[illegible] 抄離騷廿篇畢。點說文十頁。讀張耳陳餘傳。

晚閱莊子，過宗兄假來附學二本，甚舊乾隆翻刻本。

廿日

點說文十頁。舊藏武進鄭氏老子注本，其中多以老注老，并時引

訓家說於左與畢氏靈巖山館刻本詳畧於等甚而其實乃年
久書未簡奪去十張少第八十一章注文今據畢本補之
道是兩不異原信晚採金觀所作道經釋例象古文之道頭至
道著書知錄藏書目錄訓序第三云讀書敏求記道藏宋
閱內經上古天真論四氣調神大論生氣通天論金匱真言論陰陽應象大論
陰陽離合論靈蘭祕典論六節藏象論五藏生成篇五藏別論椓陰陽
別論有王冰因出而異名耳之文可託老子道經上篇七十四章者因出而異者近日注
子作再微從老子之同字篇誤誤矣
二十二日

點說文十頁，又後漢劉玄、劉盆子列傳。閱養新錄一本。

二十三日

午後奉母登魁樓，二兒、三兒、五弟、六弟皆往。借蔡弟言叢書四本。

二十四日

心蘭遣奴子送來道因法師碑外、金石萃編廿本，還去東魏劉君墓誌銘，又假去室器譜，字可禳著一本。道因碑文約千餘言，余所存僅什之二三，據金錄一通增殘本後。

二十五日

叔師呼余與二兒至漪西堂吃野鴨飯，坐上又[illegible]。午後過市區觀其若書敘多篇皆勁氣直達，古趣橫溢，他日蔚然成書必大有可觀也。邀蘭宦實夫來晚飯，飯已兄約南小鶴談竟夕。

二十六日

吉齋到家。點說文十頁。閱金樓子兩冊。中如說蕃篇敘河間獻王所以用古文尚書禮記，聚書篇為首逸注戰國策，皆可證譌補佚及校書並札為書不增一札字高遠之道，還易為讀，殊失原書之舊。

二十七日

早送二兄啓行。點說文十頁，印風毛傳四篇，閱毛詩鄭箋兩冊。

楊生送來課文二首。閱陳喬樅韓詩序錄。耶隱邀我留晚飯暢話。

西烟與勸余纂兩漢釋例，憶昔年許何定易樓表，校錄執之意
作舟楫而撰易卦反對圖說，李思閱一遍，未能詳讀。伊洛指之雲
沐浴甚疏爽。閱抱朴子兩篇，又文一駢儷居宗，琳星南為之兄跋楊對
廣所藏所爲祖郭蘭洲石遠梅齋崖上人諸墨筆志跋石方跋

二十八日

伯考生忌，至西宅行禮，知師吉齋皆在彼午飯。閱陳石父毛詩傳疏
張季直寄題大兄聯句云：骨氣乃有老松格，詩境欲並秋山高
燈下閱內經兩篇

二十九日

作舟過我談易扶陽抑陰大義了了規余以戒謹恐懼之學

點說文五葉讀毛詩擊鼓以下四篇閱毛詩以箋三段抄韓詩叙録過

虎臣過我言作兩漢通義要兼國說表發四者乃善假去經訓堂叢書

令科稗卷由書農師處取閱第十六房江蘇大挑知縣魏士鴻閱薦首篇批

云以爲尚勇之諷主論爲仁字擡根文亦筆健氣遒次短以駢接研鍊有光

三亦無慚才擘詩工雅正主考批云筆意英偉備

十二月初一日

閱顏黃門家訓、漢金石萃編、點文心雕龍。散學後與雲如過寓閒談。晚飯後晤以南，略語及語郭璞注雅引儀禮亦稱禮記以爲說。

初二日 微雨

假兎毛論衡校誤讀漢碑三道。吉齋住屋合肥李家買去，遷徙左郎矣。晚晴，華祖廟以告慎。

初三日

作毋假借表續經解第廿冊，雷氏假借表似亦不等，共四冊。閱金石萃編。西北風大作，傍晚下雪花。過雲臣借穆天子傳，晤以前閒話。

丹陽湖題周公謹魯公曰

初四日

閱宋蘇鄂禮記主婦髮笄當以作禮中簡牘合禮文且是鄭君稱以禮因為禮記可補以前前之說 閱全唐華編三冊

初五日

曹自遇我看近日札記携去清嘉集一本 崇如兄在館中午飯乃同五點罷著前觀新 國鄉勇其腹第斗無慮幾十 閱蒼射錄一本

初六日

閱華陽國志兩冊內載寫中女子可補三國傳其 表生兩日不赴塾今

午其弟來拜

初七日

父親大人壽辰 茶祝如禮 放鞭子一百 老齋來留午麵 從孫師雲假的

廣東周墨一本 二兄借去信志小書未來

初八日

閱養新錄第四本 又閱吳國山天發神讖碑 汪容甫鄭偕討論

禪國碑霜月云程皇極之日 又養新錄云霜月即相月也 但程有為相 予謂霜月不當

如歐陽子所說九月肅霜 故稱九月為霜月 猶之睍還三公稱青月為秀月之本遊風也

又錄先生論借書云 世有三等人不可借 不還一也 污損二也 妄改三也

初九日

汪甫臣所假盧抱經羣書拾補閱之　甫臣過我閒話云兩漢通义條例已定明日當往一觀　放學以攜近日札記就星甫論正并請讀其古書改訂若干條甚快々

初十日

玉穀余兩家弔　過崇如蔚如　來家午飯飯後到館　尋甫臣不值

閱金石萃編中瘞鶴銘攷　孫淵如先生與吳思亭天牘中有此銘跋語云

華山天王閣後為絳山老之絳巖石如殿況書矣

蔚如來言星學家劉同安月丙即留晚飯

十一日

復莊甫信附去詩題十二冊　由自遣僕送齊民要術及金樓子來　閱閔生先生小題文　瑞錫文有書來云少之初四日到鎮　孫師以西塘寄懷詩之稿示閱

金石萃編載北魏北海王詳造像記云石高一尺五寸五分廣一尺四寸五分十一行行十三字正書跋云案碑為景明四年十月立末題北海王詳為孝文皇帝弟北海王母子造致北海王詳字季豫孝文之弟太和九年封北海王其母為高太妃見魏書北海王傳詳以罪死其母死於門之造像求福亦何益哉　余詢此東拓王書多據遇佳拓寄為紙青八山子　頌弥令為

十二日

西李府寫紫條收單 新肩不穩若居子明年修地去家接近 在店晚飯 假來

算法一表 任舟西來 張紀敘

十二日

李十二太太周忌 誦經百 遣孫帥三兄等上墳二座 午回 與宗如尉如遊廠甸

以病不能見客 又西亭以蘭因其西風格一帶蘇夕陽流水 蘭畦先生西堤

上面有五言五古廿字 讀之覺人生直是夢幻泡影耳 去三兄家晚飯

十三日

據閩東地說學長有殺生者 講六祖之語 聞漸山青黃山長談話 又閱曲園先生

古書牧等科舉例 父親及大五哥下午留在李府 二兄有信至 云前取諸

三弟改安另圈也词之殊词、

十五日

臣子文一首，抄研经堂课读及正书版一则与兰宦。雨臣招晚饮，坐有兰生、星南、蔚文、宝文。求志书秋课题，词章门有秦叠韵歌，不知题义何出。与星南立新填兵马题工少陵诗，时至三鼓。与五弟取节看月，尝谈一点钟睡。

十六日

早到后寓，信与二兄。过师母，拜姚子简名训篆，从三兄取顾书讲席。

廿六字作舟过我说作算我二字，即乾坤也。论语樊迟问仁，君子之史内硕

雨。年即論乾三三陽坤三三陰也。古爾思碩諸撥亂之人風雅，叔子以爲

吊后叙其文，病情不覺悵惘再三。蕭書會友皆佳事，以告竝疾者

又讀其之爲過也。昨日勸其靜坐養神，不諦聽否

十七日

偕母留寄歸，予再寄去。李君留飯　顧子大文二册　晚與三兄

諸丁廟八上春禮　點一谷風式微兩篇

十八日

祝丁太師母七十壽，晚飯回。　雨后見過來，借級七本，共君書十三本

十九日　雨

嫂携子先去孙师府在被院客小游百有八当在堂　同学往拜诀

视丁巨蔹为赤豹前字代画　丹桂荐卷三十余人

二十日大风甚寒

点读文心部一　读小题文　叙学四篇过书前新历　振枪读书东　社证

申鉴新编二书

二十一日

祭祖　父亲来家　午后邀庚伯并托为婿之康老师之馆

二十二日冬至

早诣店茶贺　过三兄间谈　时见星霁及高亮昭至同去彼处饭摊

鑅云日前时偕五峰巡河堤，观圣宗所撰碑记。至秦相晚饭始去。

孙帅呈省。

二十二日

袁生为君书寿屏，至午后始去。兰老以消寒初集见招，拟晚刻去。

默深近承郡丞为假瞑榭雪花，乃挥诗题人气钟首。

二十四日

李琢生子，早往贺之。吉寿山移居萧家石洼新宅。

陪姑母孙帅闲谈。灯下为遁录抱经堂读序摘补，予又传书课文一首。

二十五日

早易羊裘昨日祭祀甚寒酌飲頗煖回思古人言寒必先言飢言煖必先言飽良有以也冬日改衛嚴兒第一篇叙　改明遠文一首

二十六日

改明遠文一首　祀先是歲秋祀　午同馬亮同過蔡禹言爲畫前日作七古一首筆改請老

二十七日

改明遠文一首　亮晚到家　以前作有鳥吟就蘭老正之

二十八日甚暖

孙师指诸宾之集作之例前之以前为未定 读陈毛诗校训传

求志书院去年冬课案专学一等有特等第一即胪所著说是兼精

记之第一例手书见

二十九日 甚暖地潮如油

与之同道者为新居 毕信民寿丰新科同之为人（碑着二下皆精选）

理 检段玉裁所编文一首 原作中二比以编有掇拾未安今之定编有迹移改如左

之则者作植特其同见之乱扉益为之疏通证明于政鉴其诸有回以自前揭前闻

需不知不知其故不尚游说不新语云国家常如此怀怀也龙以为作是定之

於每于说中作说耳——校补新序一卷

二十日 雨

李錢兩生皆頭痛未出館 改文二首 所述文一首 午後過皇甫問竹

詩寫意現風題 此為少儀之罔罔罔新年 撰寫環榜花賦 撰好雅議三首

雅表 書圖詩譜學時承記 書印 鎮江府北新法 古廟（此即雙廟）廟新設 進堂之

雅飯現未移路出頭之 假當湖南閣（墨一）閣文皆不錄 夜此常

十二月初一日 東北風 晴 寒

班閣送文三首 到店請父親安 與哥〻之不遇 與伍復信 至書箱莽〻不得

其餘第〻書 相風題一席 閱昭〻閱田墨生

初二日

西溪書院課題 子曰苟有用我者 兩章 寒〻多梅花因不睡 以寒字

往余吉甫家市 與三之之言 在其家小酌

初三日

到館每〻撮一晝而去 雲蓬而拾清〻集悅隨細卿〻之去

初四日

听柳楼前作古 早偕之星前往唁 星西师作西花甚佳

三五前至书房小聚 原自遇我不愿逛

初五日

早雨雪花旋晴

初六日

料理书件往李家新宅

初七日

李家移居 早往道喜 陪孙师兄三兄至局小游

初八日

母舅寄來手書　在家啜臘八粥　蔚若過晚集　蔭若兄若

皆以病未能至　前日書院艸艸之作星若甚嘉許焉

初九日

到塾改了輝試帖詩　補作了輝課題目許子何不由陶冶　石榴花新

書舍頗寥寂可憂

初十日

改了輝詩　表未安　莫飛霜詩云　恨無防鴻雁先鳴怕鷓鴣里君更展□

經義月窠題　其題自即用孔明撰作

十一日

蘭丈過我畧話即去

十二日

祝翊卿生日　振雲來補新序一卷

十三日

余與竟山、叔由同作消寒四集，皆以為精，然均承朝之游，延至六人，今吉賓共得九數，用子青先生望古讀畫事，即作一消寒圖，將九人置於其中，畫外用長松古柏、疏竹等物點綴，極有趣。蘭丈題詩先成，詩亦清俊以奥，日觴飲至夜始散。

十四日

孙湘南闈墨二首　俊民以雲雨見過我　午後同候俊卿出不遇

十五日

大伯母生日赴科館　拜柳家二七　三哥偕俊卿出至問清楊州近況三

哥以痛氣小發午後坐車去

十六日

二十日為母親五十壽辰　先期邀客藉玖奉觴之敬　慰兒痛以今日生日　直難佳

堂上合館一哭矣

十七日

到館以堂　東過弟俊卿其姊以家　直以局觀之先畫梅竹花卉

詣蘭丈談詩　下午同二弟赴店莊，父親亦　福二舅官課案出取特

等以為所作之畫甚為列第一　吾弟接來鎮江寄下之信

十七日

十八日

早至三兄所，晤畢復曹鑑小韵　丙臣送來壽序一篇，得六百餘言，閱

其須刻刪辦之處尚多也夫　晚開丙臣來詢話

十九日

作吾同年孔繹期昭禮　閱竹垞詞一卷　得陽字韻一首，集成云

無限寒鴉飛不度　喜蓬大庍山碧崖并州為白虎　白雲下去無　唐張若　飢烏

嘯蒲舊雨墨蹟大作 克木帶烏秋卿初長 示在閩所刻紀白語杜甫里鄉神月琴

樓鈔孫離腸之綠組無雨樓塗之詩題青玉案嘉適滿湖里小令花帖詩

二十日

風晴和 母親壽辰 茶社如社 來客三十餘人 中飯四桌

二十一日

發函 乃輝回興 附莊鴻宣兄冊

二十二日

雨 樊榭山房日記 過七里瀧 詞兩百六首 今詞一首題諧寒雅集圖

二十三日

星南攜來去年求志冬課卷子評云首篇羽饒精采次三篇工力不敵　飯後與三
哥沐浴　過蔚如小坐即到店　祀竈
二十四日
在三哥家小酌　坐有禹言小蘭　晚飯後同二兄回　時已二鼓　挑燈改五古一首
題金步雲段少仙合作蘭畫禪冊
二十五日
送二哥南行　到小蘭家拜冥壽　與三兄謁蘭老未值即回至李
家少坐　俊民次雲過訪　假去曾公書札八冊　三兄爲余正訂扇目
詞稿　於霓臣所借來詞三本　詩文一本　燈下讀茗柯詞

二十六日　午後小雨，地氣蒸溽之極，雨久久無雲宇，異矣。

書西厓去子由揚州李皁陽至西宅有感懷詩一首云：風雲雷電龍虎會，指余達窮白眼屢相看。駕馬車我欲想騏驥，樓根注云知有鳳凰。碣瓦社陳走雲何得乘雲城。劍氣斗牛龢和。紅蝦詩發明王羲之把溪竿坐釣灘。紅陳壽詹韻

閱泰州陳硯鄉晚晴軒駢文一冊，又曾子古文一冊。作感懷詩一首，即步書西厓師韻：狂吞三江吐甘泉，從上游登城斷布耶。重看諸中有西草圍。空龍下無涯處，何人識鸞翔。華西風秋鶴騫，程刀北斗夜闌干。子陵文采原同學，如今屈第菽衣七里灘。

二十七日　昨微雨，今復朗然，遺蝗遍地，孳生要要子受。

早懷詩稿就書吉居師西之未遇 汪之恩承穆亭蔡禹之梅村詩集一本
閱星甫在局署對聯 晚酬神 讀梅村詩一卷 借母親花牌
二十八日
過心蘭即偕至公局見孫師復同過宋次雲覲其令祖琴君先生
所著書 俊民次雲心蘭同過我寓話蘭老亦至俊民飯後去
假次雲之書江都史繩之翁之蕭夢集閱之 晚讀梅村詩
次雲又假去字札八本
二十九日
早偕星甫至局觀伯石題消寒圖 俊民次雲皆到局一晤

閲俞三書文集三本　六弟午後至

三十日

三兄過至言廿七日到揚州即日過江　早至一窩学又回至局見孫師詩詞　過蔚如不值　午後祀祖　東門至書府少登樓回江寧硯莆　過瑞西昭已閲袁先生文跋其精文　袁先生上聯付送來備及書院青大來內有蔚如一書即到居處遣司縅去

五弟至居未回　家人守歲至三點鐘時少息

壬辰正月初一日

客臘望雨雪久矣侵晨陰雲四布微霰先集晶瑩頻乎稍喜

走賀親友十與二家東至蒲五所西至二尉文所頃刻事畢歸來天

乃雨　隨意讀書藉見先兄遺潤續編有加自喜郎君來年必是者

狀元之語亦足異焉　小雨至夜檐滴有聲

初二日

錄補射序刺客呂不韋諸篇　午前到居觀左人作牙牌戲　又親來家

祀祖

初三日

補賀文要　蔚如過我　閱史忠正文集一本　從以蘭所校定文

兩冊以一冊寄之閱　在居晚飯

初四日

祝李卿拈壽　飯畢隨卿師三哥同至公局小坐　晤及袁浩秋

晚赴蔚如之招　同席九人

初五日大風雨

閱府志集半本　寬臣假去　寬臣招去德豐補請寒冬　午刻與雲

韻蘭同去　坐上十一人　晚與一家八郎狀元宰府

初六日風雪　在我

弘師有素書云津云執過還丟還過東門雪亭鄉、查寺船拋梵縣

閉方翻復庶不每於安算天津菜叢是印尉韜新年官長家臣豪

契、書生可咲云歎春消了人回凍硯田　猩牙紅白貂新曉慢起

衝泥冷霧御那便世人過艾鉄溪且饒一地大光明滿經店麥根先風

塞過樓台有更漏香篝今朝難扶乘論功過讓江風截

小蘭題消寒圖云入冬雖同開口笑畫爨御寒休沐其嘒堂唐辛

云暮契合文頌皆庶矣疏橘橘雅多傾依詩正為家於蓋應往判

猿猱朝月猿猿而葛衛持　陸秀和題爻走馬也艮家慢早五愛事

年郊閏老夜礼午云擊元滄大漢生蜂烟年白拋事管幽桂君

辰美景娛目前西園雅集已成例周昉閣畫供流傳

陪書農師至店小坐

初七日

復民事多假去草書扎八本前後共廿四本

初八日

祝丁太師母七十壽　午後與宗文及李吟小留畫以蘭白石畢散遂歸

晚到以前閱話白石先生有五古一章題潘寶圖稿存以留畫

初九日　雨雪交作

至西宮陪丁師兩師及小留看牌　晚閱扇扇夢文一本

初十日　寒甚不可能晴　日中时霰微雪

阅金石萃编　李吟伯康伯绚陪丁卯小蒙午刻偕常先去便过后

民书屋吉子舍饮微醉　兰丈家来

十一日

晚至二哥家同请亥　白石题兰为杨林芝八幅　约去未包

十二日

张慎夫约茶晤及柘湖　遇弟自借来十国春秋节本

十三日

辅佳假北园一阅　作舟未借

書

林之有信至今早復之校百宋家　午后東至李家

自在自隨孤帆汎首回左涉西面以作東道適曹石與子審合

西湖直五圖一幅

十五日

登泰山是城中大起倉庫孫勿歸　是日全泉失慎

十六日

入此子佑中深黄将色三生　皆十五月皆耕理惟

事惭则偿金衔家過無其正佳趣